U0546184

我是這樣好起來的

心理師親測有效的自我療癒指南

諮商心理師
王偉——著

suncolor
三采文化

自序

理解，讓自己一點一點好起來

二〇二三年初，人們還沉浸在與親朋好友共度春節的喜悅之中，一起自殺事件卻引起了社會的廣泛關注。

江西省上饒市的一名高中生胡某被發現死於一片樹林中，經法醫鑑定，是自殺。

一個花樣少年走向生命的終點，大家在惋惜之餘，也更加關心是什麼原因讓他選擇自殺這樣一條不歸路。

這一事件引起了社會的廣泛關注，心理學家們也紛紛闡述分析。透過心理學家的分析，我們可以了解胡某的性格內向，但積極上進，待人溫和，比較在意別人對自己的看法，與同學交流不多，害怕招致同學們異樣的眼光。胡某在就讀高中後，進入了一個陌生環境，面對學業、環境的壓力，表現出極度不適應，內心糾結痛苦。與此同時，因為性格內向，無法透過與同學交流有效排解情緒，也不敢去找老師溝通；甚至面對自己的母親，雖然通了電話，表達了不想讀書的訴求，但始終沒有說出自己內心的痛苦，沒有把最真實的感受和底層原因告訴母親，導致情緒無法宣洩。

身邊的人不知道胡某已經病了，無法及時提供幫助。後來匯總的各種資訊顯示，當時的胡某極有可能已經患上了憂鬱症，表現出了一些明顯的症狀，例如失眠、注意力無法集中、學習困難、記憶力下降、無助感等，包括飲食也出了狀況；情緒低沉，出現了厭世情緒，這些都是憂鬱症的典型症狀。

據相關報導，胡某曾有過對死亡的深入思考，也想過如果自己死了會怎麼樣，會帶來什麼樣的影響。如果當時他能找到人傾訴內心的痛苦，獲得情感支持，也許悲劇就可以避免了。但是現實生活中沒有如果，結果讓人痛心。這也再次提醒我們要對身邊的親人朋友多一些關愛和耐心，傾聽他們的心聲，共感他們內心的痛苦，這能夠挽救珍愛之人的生命。

胡某的經歷，讓我想起了曾經的自己。

那時的我剛剛走出大學校園，獨自背上行囊來到離家千里之外的陌生城市——深圳。當原本就內向的我，來到一個完全陌生的環境中，工作的壓力、孤獨的心情、主管的批評都無處傾訴。我看到別的同事風風火火、忙忙碌碌，而自己面對工作任務時焦頭爛額、無從下手。記得進入部門的第一個月，我就為了完成一個任務，連續三個晚上沒闔眼。

我想努力，卻無從努力，想像其他同事一樣有說有笑，臉上卻只剩苦笑，充滿了惶恐與自卑。

那時，我的內心只想逃離。記得出差時，我坐在巴士上，好希望這輛巴士一直開下去，不要停。因為只要它沒到達目的地，我就可以不用去面對那一切，希望時間停止，永遠停留在那一刻。

我的憂鬱之路或許就是從那時開始的。直到多年後，隨著歲月的流逝，內心的成長，我才逐步走出憂鬱的陰霾。

所以，我很能理解胡某生前的痛。那種無助和折磨，豈是一個少年能承受的！可惜他生前沒來得及向身心科醫師求助。這值得我們反思，在社會急劇變革的今天，不管是在校學生還是職場青年，都面臨巨大的壓力，都缺乏情緒宣洩的管道。憂鬱症正在逐年呈現年輕化趨勢。我們需要為這類群體投入更多關注，至少讓他們知道生病時該如何求助。

近年來，在中國的青少年中，憂鬱症已經成為一種常見的心理疾病，且和二〇二〇年前相比，有明顯上升的趨勢。

中國科學院心理研究所會定期發布《中國國民心理健康發展報告》，報告中關於憂鬱症的數據令人觸目驚心。中國青少年二〇二〇年的憂鬱症患病率為百分之二十四．六，其中百分之七．四屬於重度憂鬱；二〇二一年患病率依然居高不下，數據為百分之二十四．一。中國青少年憂鬱症患病率一直維持在一個高比例的狀態，這需要引起社會的高度重視。青少年是國家未來的支柱，需要我們給予更多的關心和呵護。

根據世衛組織二〇二一年發布的數據，世界上大約有二．八億人患有憂鬱症。中國國家衛生健康委員會去年發布的《探索抑鬱症防治特色服務工作方案》❶中，將老年人、青少年、孕產婦、高壓職業從業者都列入憂鬱症好發的重點人群。

在專門針對憂鬱症的調查研究報告中，也同樣讓我們看到了事態的嚴重性。《二〇二二年國民抑鬱症藍皮書》是由《人民日報》主導完成的報告，透過用戶調查、文獻分析、專家評定等方式，在匯集了大量數據的前提下，得出結論為中國青少年憂鬱症患病率為百分之十五至百分之二十；而在憂鬱症患者群體中，有一半是在校學生。報告還透露，有約一半的憂鬱症學生患者會透過向朋友傾訴、與父母溝通或其他管道進行求助，但仍有百分之四十六的學生沒有尋求任何幫助，更別說尋求專業身心科醫師的幫助了。

寫這本書也是希望有更多的人了解憂鬱症，知道如何進行自我幫助，或者知道如何去幫助自己身邊正在經歷痛苦的人。因為，我就是這樣一點一點好起來的。

---

❶「抑鬱」等於臺灣所使用的「憂鬱」一詞。此處為原始資料出處名稱，因此保留「抑鬱」一詞。本書其他資料出處也依此處理。

目錄

Chapter 2 掙扎著不躺平，因為還有一點不甘心

Chapter
3 放鬆，輕輕療癒自己

Chapter

5 你可以好好生活，不僅僅是生存

Chapter 1
我只是
快要堅持不下去了

什麼是憂鬱症？

負面情緒是我們每個人都會經歷的事情。對一些人來說，這種感覺是暫時的，並會自行消失；但對另外一些人來說（例如我），這種持續的空虛、不快樂和絕望的感覺會成為日常生活中的一部分。

如果你的情緒在過去一段時間裡發生了明顯變化，並且覺得完成日常工作和生活變得愈來愈困難，那有可能是得了憂鬱症，而不是孤單或者不高興那麼簡單。

憂鬱症是一種情緒障礙，可以導致輕微到嚴重的不同症狀，會影響人的感覺、思考方式和管理日常活動的能力。

■憂鬱症的感覺

不管是一般大眾還是憂鬱症患者，其實都缺乏對憂鬱症的深入了解，甚至對它存在一些偏見；只有當病情給生活和身體帶來了嚴重問題時，才會去尋求專業幫助。實際上，我們大可不必等到情況已經很嚴重的時候才採取措施。

憂鬱症的相關知識是每個人都應該了解和學習的，不光是為自己，也是為了身邊的人。在日常生活中，我們可以透過一些微小的跡象來判斷自己或他人是否憂鬱了，並提前做出一些調整，避免產生嚴重的後果。

我認為，憂鬱症通常會有如下五個症狀。

情緒沮喪

眼中的世界呈現灰色，生活失去了興趣和快樂，無法獲得愉悅感，對身邊的人和事都感到沮喪，似乎一切都不如意。

注意力渙散

無法集中注意力去思考，思維間斷、不連貫，且不受控制，難以進行清晰地思考，在需要集中注意力時感覺心力交瘁、力不從心。

缺乏信心

時常感覺人生沒有出路，一切無望，就像隧道盡頭沒有光一樣。這會導致一種挫敗感，找不到自我價值，在更嚴重時，甚至會有自殺的想法及行動。

出現睡眠障礙

入睡困難，經常在夜間醒來，尤其是經常固定在凌晨四點鐘左右醒來，並無法再次入睡；醒來時感到疲倦，無精打采。睡眠不足會直接影響到日常工作生活，難以處理很多看似很簡單的事情。

生理反應

憂鬱症對有些人還會帶來身體上的痛苦，例如肌肉緊張、頭疼頭暈、噁心等症狀。對於憂鬱症患者的感受，精神病學家莉拉・馬加維博士（Dr. Leela Magavi）對其患者進行了統計。在問診過程中，經常得到的患者回饋如下：

「感覺像胸口有一塊大石頭壓著，無論走到哪裡，都會讓我感到沮喪。」

「憂鬱症使我在工作中受到表揚時，仍然覺得自己毫無價值。」

「當看到其他人笑著享受他們的生活時，我會感到非常孤獨。」

「憂鬱症讓我感覺作為一個人、家庭成員和朋友，是個失敗者。」

「憂鬱是我生活中的陰影，每天都縈繞在心頭。」

「感到窒息。有時我似乎可以呼吸，卻像是在用吸管呼吸。」

■憂鬱的三個階段

第一個階段是憂鬱情緒。憂鬱情緒的典型特徵就是對任何人任何事沒有興趣，似乎一切都沒意思，不想動不想去做；看到別人都在積極地生活，自己也想積極起來，卻怎麼也提不起勁。但要注意的是，憂鬱情緒本身是正常存在的，每個人在某些時候都會感受到，不是有憂鬱情緒就代表得了憂鬱症。

第二個階段是憂鬱狀態。當長時間處憂鬱情緒中時，稱為憂鬱狀態，在時間維度上需要有持續性，例如醫學上診斷憂鬱症通常需要症狀持續兩週以上。通常一個人在經歷生活重大變故時，較容易陷入憂鬱狀態，例如親人去世、失業、失戀、巨大債務壓力等，此時人是很脆弱的，需要得到更多關懷。

第三個階段就是憂鬱症。憂鬱狀態持續無法好轉，並伴有典型憂鬱症症狀，例如失眠、體化症（somatoform disorder）、自殘自殺等，就是憂鬱症。根據症狀的輕重，又再分為輕度憂鬱症、中度憂鬱症、重度憂鬱症。

■ 憂鬱自我評量表（SDS）

在自己感覺有憂鬱傾向時，透過自評表可以對自身狀況有一個初步評估，以便了解自己當下的狀態。

憂鬱自我評量表（Zung Self-Rating Depression Scale，SDS）作為一種憂鬱情緒的測量工具，由美國杜克大學教授（William W. K. Zung MD）於一九六五～一九六六年開發，是目前精神科門診和心理諮商機構常用於評測來訪者憂鬱狀況的量表。

SDS使用簡單，而且能夠直觀反映患者的狀態，對於治療過程中隨時監測患者治療情況十分方便，所以，已經被廣泛應用在初步判別憂鬱症、患者情緒狀態測評、醫學調研等各領域。這個測試無須專業醫療人員指導，非常適合想確定自己的憂鬱狀態，但又不方便就醫的人自行評量。

SDS測試共有二十個題目，每個題目有四個選項，用來描述相應情況出現的頻率，其中有十項是正向評分題目（第1、3、4、7、8、9、10、13、15、19題），還有十項是反向評分題目（第2、5、6、11、12、14、16、17、18、20題）。請根據每一道題目的描述，評估自己最近兩週的狀態，選擇最符合的發生頻率，並將其對應的分數圈起來。

憂鬱自我評量表

題號	題目	沒有或很少（每週 1 天以下）	有時候（每週 1～2 天）	經常（每週 3～4 天）	持續（每週 5～7 天）
1	我覺得悶悶不樂，情緒低迷。	1	2	3	4
2	我覺得一天之中早晨最好。	4	3	2	1
3	我老是莫名地哭出來或覺得想哭。	1	2	3	4
4	我晚上睡眠不好。	1	2	3	4
5	我吃飯像平時一樣多。	4	3	2	1
6	我與異性密切接觸時，和以往一樣感到愉快。	4	3	2	1
7	我感覺自己的體重在下降。	1	2	3	4
8	我有便祕的煩惱。	1	2	3	4

9	我覺得心跳比平時快了。	1	2	3	4
10	我無緣無故感到疲乏。	1	2	3	4
11	我的頭腦跟平時一樣清醒。	4	3	2	1
12	我做事情像平時一樣，不會感到有什麼困難。	4	3	2	1
13	我坐立不安，難以保持平靜。	1	2	3	4
14	我對未來感到有希望。	4	3	2	1
15	我比平時容易生氣或激動。	1	2	3	4
16	我覺得做出決定是容易的事。	4	3	2	1
17	我覺得自己是有用的人，別人需要我。	4	3	2	1
18	我的生活過得很有意義。	4	3	2	1
19	我認為如果我死了，別人會活得更好。	1	2	3	4
20	對於平常感興趣的事，我仍舊感興趣。	4	3	2	1

請將正向評分題號和反向評分題號的分數，分別填入下方的憂鬱自我評量計分表中，再統計出正向評分題號的總分與反向評分題號的總分。

最後，請將二十個題目的總得分相加，並乘以係數一．二五，取整數後，可得到測評的標準分值（T），這個分數就是你目前的憂鬱分數。

憂鬱自我評量計分表

請填入各題分數，並分別計算正向題目及反向題目的總分。

正向評分題號	1	3	4	7	8	9	10	13	15	19	總分
分數											
反向評分題號	2	5	6	11	12	14	16	17	18	20	總分
分數											

計分＝總分加總 ×1.25 ＝________分（憂鬱分數）

按照中國常模❶結果，憂鬱症評定的界線標準值為五十三分，超過即可能為憂鬱症；分數愈高，憂鬱程度愈嚴重。

中國常模：

53～62分為輕度憂鬱，

63～72分為中度憂鬱，

73分以上為重度憂鬱。

當然，憂鬱症是一種比較複雜的疾病，很難只是依靠一組確定性的標準來準確地判斷❷。

---

❶ 指的是特定或代表性的樣本團體在測驗中得到的實際成績之平均表現。

❷ 一個人是否有憂鬱症，須由精神科醫師評估其症狀是否符合美國精神學會（APA）《精神疾病診斷與統計手冊》（*Diagnostic and Statistical Manual of Mental Disorders*，DSM－5）對憂鬱症的診斷準則（共有九個症狀），即符合五個或五個以上症狀，持續超過兩週，且大部分的時間皆是如此，就有可能是得了憂鬱症。

■ 不同類型的憂鬱症

在臨床上，根據引發憂鬱症的特徵，對憂鬱症進行了分類，有八種常見的憂鬱症類型。

內源性憂鬱症

內源性憂鬱症一般指在體質基礎上產生的憂鬱狀態，無法證實與器質性病因（organic cause）❸或與心理壓力（psychological stress）的因果關聯。症狀通常為情緒低落，可從輕度的心情不佳到憂傷、壓抑、苦悶，甚至悲觀、絕望；思維遲鈍，甚至會表述不清，出現溝通障礙，存在認知扭曲，甚至過分貶低自己的情況，認為自己做什麼都做不好，否定自己的能力。活動減少，主觀感到精力不足、疲乏無力。伴有睡眠障礙、食慾減退、消化不良、體重減輕、口乾、便祕、性慾減退及心慌胸悶等軀體不適感。

反應性憂鬱症

這是重大的精神刺激和挫折導致的病理性情緒反應，例如嚴重的意外災難、沉重的意外事件、親人突然亡故、事業失敗、被誣陷或陷於難以排解的糾紛、失戀或夫妻不和等。情緒上消極悲觀，嚴重時表現出自責、有罪惡感以及厭世等。

隱匿性憂鬱症

病人並沒有明顯感到情緒低落，而是出現了一些生理反應，例如胸悶氣喘、失眠多夢、體重減輕等。患者在憂鬱症明確診斷之前，四處求醫，久治不癒，進行各種各樣的檢查，始終得不到明確的結論。在臨床工作中，這種類型的憂鬱症就稱為「隱匿性憂鬱症」。

❸器質性，指身體的器官組織發生病變，導致其功能減退或喪失。器質性精神障礙（Organic Mental Disorders）則是因為（顱內、顱外、體外）致病因素造成腦結構損傷或功能受到影響，引起精神異常表現。

藥物引起的繼發性憂鬱症

藥物會誘發情緒反應，例如降血壓藥、抗心律不整藥、抗精神病藥、解熱鎮痛藥、避孕藥、荷爾蒙等可能引發藥源性憂鬱症。

軀體疾病引起的繼發性憂鬱症

身體疾病可以作為應激性（irritability）因素，也可以直接影響大腦神經傳導物質的代謝而繼發憂鬱症。例如內分泌系統疾病、腦梗塞（缺血性腦中風）、帕金森氏症、癌症、內臟器官疾病，以及流感、愛滋病、肝炎等疾病會伴發憂鬱症。

產後憂鬱症

由於生產後的女性荷爾蒙劇烈改變，情感會變得相當脆弱，當出現外部的刺激時容易出現憂鬱症狀。典型的產後憂鬱症最有可能發生於生產之後的六週內，部分產後憂鬱症患者會在產後的三～六個月時間裡自行康復，但也有比較嚴重的患者會持續數年，而且再次妊娠極可能引起憂鬱症復發。

更年期憂鬱症

更年期也是體內荷爾蒙劇烈變化的特殊時期，生理和心理的變化會引發更年期憂鬱症。病因可能與內分泌系統機能減退、代謝功能失調及自主神經功能失調有關。女性患者多在停經前後，四十五至五十五歲時發病，男性多在五十到六十歲發病。

老年期憂鬱症

近年來高齡化加快，老年憂鬱症變得更常見。老人由於環境變化、身體疾病增多、兒女疏遠、喪偶、直面死亡來臨等因素影響，出現焦慮、憂鬱。據統計，老人群體的患病率達到百分之五～十五，通常女性高於男性。目前，老年憂鬱症與老年痴呆已經成為影響老年人最主要的兩類精神性疾病。

另外，還有兩類人群需要我們特別關注：青年學生和年輕白領。在這兩類人群中，憂鬱症患病率正在上升，致病原因主要來自壓力和人際關係障礙，且沒有好的情緒宣洩管道，屬於憂鬱症好發群體，他們需要更多的關懷。

臺灣憂鬱症相關資訊與檢視量表

臺灣讀者也可透過以下的線上量表，依據年齡選擇合適的檢測，了解自身情緒及壓力值以作為參考。

一、董氏基金會主持研究且經過大規模實測的分齡憂鬱情緒自我篩檢量表

青少年憂鬱情緒自我檢視表（12～18歲）

董氏憂鬱量表—大專生版（18～24歲）

臺灣人憂鬱症量表（適用18歲以上成年人）

二、衛福部心理健康司老年憂鬱症量表（GDS-15）

根據董氏基金會《二〇二三年臺灣六都青少年新冠肺炎疫情及後疫情期運動現況與憂鬱情緒相關性調查》報告，百分之十三點八的受訪者表示有明顯憂鬱情緒，平均每七人就有一人達到需要專業協助的程度。但多數青少年並沒有接受治療。

若你本身或身邊的人有心理困擾或需要專業協助，可撥打衛福部安心專線：1925、生命線協談專線：1995，以及張老師專線：1980。

青少年憂鬱
情緒自我檢測表
（12～18歲）

董氏憂鬱量表
大專生版
（18～24歲）

臺灣人憂鬱症量表
（適用18歲以上成年人）

老年憂鬱症量表
（GDS-15）

看到日出後，我流下了眼淚

對於憂鬱症患者來講，失眠是再熟悉不過的了，屬於憂鬱症的典型症狀之一。而且失眠不光是心理上痛苦，對身體健康的危害也很大。

在我失眠最嚴重的那段時間裡，整個人的精神接近崩潰。每當我躺在床上，心裡就會產生恐懼感，因為我知道自己又會控制不住地胡思亂想，怎麼強迫自己入睡都沒用，數羊、數水餃，對我來說毫無意義。即使我強迫自己把注意力全部集中在身體上，想像身體的每一寸肌膚緊貼著床，感受意念從頭頂到耳朵、到脖子、到胸口、到腹部、到大腿、到腳踝、到腳趾，依然無法讓自己平靜下來。難得昏昏沉沉地睡了一會兒，到了凌晨四點鐘就又如期醒來，然後再也無法入睡。

那段時間，我時常想撞牆，甚至幻想過各種死法，又會想雖然我不害怕死亡，但害怕我的死亡會給家人朋友帶來痛苦。

長期的失眠，讓我白天根本無法進入工作狀態，每天只能強撐著身體，裝作還是正常的樣子。而實際上，我的頭腦已經停止轉動，除了本能的反應，無法思考任何事情。

正如標題所言，那時的我，看到日出都會流下眼淚。悔恨自己又一夜沒能入睡，害怕自己將要面臨新一天的痛苦折磨。

■為什麼會失眠？

對於失眠，醫學上總結的主要表現有「失眠」和「嗜睡」兩種。

第一種失眠是入睡困難、入睡後易驚醒、時常規律地早醒。症狀是晚上躺在床上超過半小時仍難以入睡，愈想睡頭腦愈清醒，不受控制胡思亂想；睡著後也很容易醒過來，且持續快速心跳，精神緊張，睡眠狀態呈現片段化。

另一明顯特徵為早醒。醫學上對早醒有嚴格的定義，一般是較平時正常睡醒時間提前兩個小時，例如正常六點鐘起床，憂鬱症患者可能睡到四點鐘時就無緣無故地醒過來，而且醒來後難以再次入睡。早醒是一個大多數醫生診斷憂鬱症的重要衡量標準。

第二種是嗜睡。除失眠外，憂鬱症患者也有可能出現嗜睡的症狀，通常上午較為明顯，出現乏力、沒有精神、昏昏欲睡。

針對憂鬱症的失眠，專家們認為具有「生物化學」、「環境」、「性格」和「心理」四個典型因素。

生物化學

有證據顯示，大腦中的生化物質（biochemical substances）的紊亂是導致憂鬱症發病的一個重要因素。其發病機制主要是腦內多種神經傳導物質的正常功能發生紊亂，導致憂鬱症產生。例如特定的藥物能導致或加重憂鬱症，有些荷爾蒙類藥物則具有改變情緒的作用。

環境

憂鬱症通常與患者的生活環境有一定關係，如果長期處於一個比較壓抑的環境之中，那麼罹患憂鬱症的可能性就會比較大。例如缺少朋友、工作壓力大、經濟壓力、失戀，或者生活方式的巨大變化，這些都可能引發憂鬱症。

性格

根據統計，憂鬱症跟性格有很大關係，有些性格容易導致患上憂鬱症，例如看待事物悲觀、自信心低、無法掌控事情走向、過分擔憂。這類性格特點會讓人敏感，易於焦慮，從而產生負面情緒。性格的形成主要發生在童年時期，所以性格的缺陷很可能是童年創傷所致。

心理

從臨床案例來看，心理因素導致的憂鬱症患者數量，遠大於其他因素的致病率。以下列舉五個常見的容易導致失眠的心理因素。

• 怕失眠

因為害怕失眠本身造成的焦慮情緒，導致進一步失眠。我們都有感受過因為想讓自己快點睡著，反而愈睡愈清醒的狀態。這是因為人類大腦有生理時鐘，生理時鐘控制我們的神經活動什麼時候亢奮、什麼時候抑制。然而害怕失眠的心理造成腦細胞持續處於亢奮狀態，無法進入抑制狀態，就有了愈想入睡就愈睡不著的現象。

• 自責

因自己的過失直接或者間接導致一些不好的事情發生，我們常會感到內疚自責，在腦海裡一遍遍重演過失事件，並懊悔自己當初做了錯誤的選擇，或者採取了錯誤的處理方法。由於白天事情多，在忙碌中顧不上懊悔，到夜晚準備入睡時，則會「徘徊」在自責、懊悔與興奮中，久久難以入眠。

• 期待

過分擔心自己因為睡過頭而耽誤了即將要做的重要事情，存在時間上的壓力感，因此常出現早醒的現象。比如擔心上班遲到或者趕不上考試，就會在睡眠時容易驚醒。在一些對於個人非常重要的結果即將公布時，比如成績公布之前、晉升結果公告之前，人也往往處於期待、興奮的狀態，難以入眠，且睡著後容易驚醒。

- **童年心理陰影**

有些人由於童年時期受到失去父母、恐嚇、重罰等創傷而感到恐懼，出現了懼怕黑夜、不敢入睡的現象。成年後，失眠情況好轉，但在某些時候，由於受到一些類似童年時期的創傷性事件刺激，被壓抑在潛意識的童年創傷性心理反應再度浮現，重演了童年時期的失眠現象。

- **猶豫不決**

在面對重大事務需要做出抉擇時，不知如何選擇才能確保正確，思維混亂，猶豫不決，致使該睡覺時停止不了思考，腦細胞依然處於亢奮狀態。

像快要淹死的魚，喊不出「救命」

德國心理學家厄休拉·努伯（Ursula Nuber）發現一個現象，憂鬱症患者通常表面看起來都是正常的，其內心的痛苦不易被人發覺。這種普遍現象源於憂鬱症患者的刻意隱藏，不管是出於自我保護，還是不想給周圍人帶來麻煩，他們都選擇了獨自承受痛苦。很多憂鬱症患者都是在走向自殺時，才被人們意識到他生病了，在生前沒有人或者很少人知道他們患有重度憂鬱症。

大家熟知的演員張國榮，因為嚴重的憂鬱症走到了人生盡頭，直到後來人們才知道他選擇死亡是患上了憂鬱症。

胡某自殺事件經心理專家分析，也很可能是他生前已經患上了憂鬱症。然而遺憾的是，這些事情是在胡某自殺後，人們透過心理專家的訪談和分析才知道的。他生前沒來得及向身心科醫師求助。

正如前文所說，在中國，憂鬱症已經成為近年來青少年群體常見的心理疾病，不但有明顯上升的趨勢，而且有將近一半的人沒有尋求任何幫助，近百分之三十的人從未想過尋求身心科醫師的幫助。

■為什麼我說不出口？

那麼，究竟是什麼原因讓憂鬱症患者寧願獨自承受痛苦，也不願意把它說出來，尋求身邊人的幫助呢？

華人世界受文化傳統影響，個體內心的感受容易被忽視，強調規範和集體意識，對憂鬱症這種個體因素一直存在觀念上的排斥。短期的憂鬱情緒通常被認為就是心情不好，過一陣子就好了。長期的憂鬱情緒則被看作此人性格不好、脾氣差、遇事想不開，繼而從道德層面上進行批判；導致很多人忽略或者不願意面對自己的真實感受，而僅用一些身體的症狀作為解釋，強行壓抑或忽視內心的痛苦，讓被壓抑的感受為日後的爆發埋下更大的隱患。

當然，產生這些問題的原因比較複雜，不能一概而論，但我們可以從以下幾個角度去嘗試理解。

完美主義傾向

完美主義者對人對事的要求高，尤其是對自己，即使在他人眼中已經很完美，做得已經很出色，但在他們眼中，自己依然不夠好；通常的想法是還可以做得更好的，不能有遺憾、有瑕疵。

根據心理學家的研究，人具有完美主義傾向通常和早期生長環境有關，例如童年或者少年時期，父母對其要求非常嚴格，不善於表揚，總是從負面評價孩子；當孩子做出一些成績時，父母沒有及時給予肯定和鼓勵，反而要求其更上一層樓。

在這樣的生長環境中，患者養成了事事追求完美的習慣，哪怕已經做到了九十分，仍然覺得自己不夠好，還糾結於那十分為什麼沒有做到。而且，在日常生活和工作中，這類人群習慣把最好的一面呈現在外人面前，因為對完美形象的追求，不允許自己表現出不好的一面。

情感表達困難

造成情感表達困難的原因有很多，其中關聯性最強的也是原生家庭和成長環境。小時候，父母包辦了孩子的一切，代替孩子做了所有決定，孩子幾乎沒有發言權。當孩子遇到困難而想要求助時，得到父母的回應是：「你怎麼連這個都不會？這麼笨，什麼都做不好！」因此，一個出生在無法表達情感的家庭中的孩子，他們會從父母和兄弟姊妹身上學到壓抑情感的表達方式，將他們的感受和情緒隱藏起來。

低自尊

憂鬱症患者通常呈現低自尊狀態，否定自我，感覺自己不受人們歡迎，不被大眾喜愛。這樣的自我認定會使得內心承受很大的痛苦。

低自尊意味著很敏感，對他人的評價和話語十分在意，稍有不慎，就會感覺受傷。甚至，低自尊人群在受到他人表揚時，會覺得害羞，也會極大地受到他人評價的影響。在他做決策時，自己的意見和想法被忽略，容易受到他人鼓動，呈現討好型人格。

如何尋求讓自己變好的可能？

正是這些心理因素，導致憂鬱症患者不敢表露心聲，獨自承受憂鬱症帶來的折磨，強撐著表現成一個正常人。當有人發現異常、問及情況時，始終告訴他人：「我很好，沒問題。」

我也是在患病多年以後，才懂得求助。

根據心理專家的建議和我的個人經歷，這裡提供憂鬱症患者四點建議，希望能給他們一些幫助。

尋求支持

曾經有專家做過一個實驗，來驗證親人的主動關懷對於憂鬱症患者病情的影響。實驗結果顯示，在獲得親人主動關懷的情況下，憂鬱症患者的病情恢復比未獲得關懷的患者明顯更快速，並且能夠更容易接受專業治療。

所以，憂鬱症患者如果能夠勇敢地走出一步，自發地主動尋求幫助和支持，將對減輕痛苦和病情恢復大有裨益。

需要把自己的真實感受表達出來

無論是家人還是朋友，其實他們都非常希望我們能夠開心起來。也許你會擔心說出自己的感受無法被他們理解，但不要只站在自己的角度看待身邊人，或許他們的認知和接受度超出你的想像。

曾經我也以為我的父母很傳統，肯定無法接受一些他們認知範圍外的事情。然而有一次在看足球比賽時，我的母親居然說出了「越位」。這讓我很是驚訝。在我的印象中，母親從來不看體育賽事。後來我才知道因為我哥要代表單位參加足球比賽，為了支持我哥，母親到現場觀看了比賽，並且還學習了一些足球知識。

從這件事我意識到，也許我們對父母的看法存在過於主觀和刻板的印象，其實他們的世界超出我們的想像。在遇到困難時，只要我們勇敢地表達出自己的感受，父母和朋友可以給予很多幫助。

尋求專業幫助

憂鬱症是一種疾病，不是罪責，患者自身必須對於這點有清醒的認知。生病了就要看醫生，這是再正常不過的事了。其治療並不比腫瘤之類的疾病複雜，效果也是顯著的，重要的是勇於承認自己生病了，需要醫生治療。

對於尋求專業幫助，我感觸最深的是它讓我能夠客觀地看待憂鬱症。人因為無知而恐懼，當對其了解並知道如何面對時，恐懼感也就消失了。請相信專業身心科醫師，他們的經驗是從大量臨床病例中總結出來的，能夠給予我們極大的幫助。

底線鐵律

重度憂鬱症患者很有可能會無法承受身心痛苦，而選擇走向自殘或者自殺。根據過往的病例統計，想自殺的人如果在實施計畫前能夠打出一通電話，與人分享一下最後時刻的感受，很可能獲得有效幫助，從而避免走極端。

所以，醫生告訴我，我必須給自己定下一條鐵律，只要想自殺，就強迫自己必須拿起手機撥出電話，告訴一個人我此時的感受和即將做什麼。不需要思考，只需要按此執行。

■ 如何幫助憂鬱的朋友？

如果你想幫助身邊的親人或朋友，尤其是青少年朋友，有些表現對於我們是一種預警信號：

你的朋友不想做之前非常喜歡做的事情了。

你的朋友開始自暴自棄，抽菸酗酒。

你的朋友時常不去上班、上課或不參加課後活動。

你的朋友開始頻繁談論人生的意義、存在的價值等問題。

你的朋友開始關心一些關於死亡的話題。

當你遇到朋友身上有這些預警信號時，請多給予他／她一點關懷和耐心，也可以採取以下四種措施。

和朋友交談

無須直接談論關於憂鬱症的話題，只需要一些簡單的談話，適度地表達你對朋友的關心，嘗試讓其說出可以幫助他的地方。交談時以傾聽為主，並且要認同他的感受，表達同理。

朋友不需要答案

好為人師的我們需要儘量避免去教導他。我們以為的答案也許根本不適合他，因為任何答案都是在特定情境、特定對象下產生的，我們無法完全設身處地地站在對方的情境下思考問題，得出的答案自然不一定適合對方。在解決情緒和心理問題時，答案並不重要，同理才能緩和情緒。

鼓勵朋友尋求幫助

對於朋友來說，可能羞於向他人提及自己內心的苦痛，擔心他人無法理解。此時，他需要我們的鼓勵。我們要讓他意識到身邊其實很多人是可以求助的，比如父母、老師、朋友等。如果不願意向熟悉的人尋求幫助，也可以找專業的身心科醫師或心理諮商師等。要相信，只要說出來，就可以得到幫助。

陪伴朋友一起度過難關

憂鬱症患者需要朋友的關心和陪伴是毋庸置疑的，但作為朋友，也是一個有情感的人，都會有情緒，害怕受傷。要當憂鬱症患者的朋友是不容易的，病人的情緒波動總是比較大，這會導致憂鬱症患者更可能說出一些傷害親近朋友的話。所以，如果你的朋友說了一些讓你感覺不舒服的話，請你諒解他，因為這其實不是他的本意，你的朋友只是生病了。

當我還年輕時，經常因為朋友的一些話語和作法，讓我對這段友誼關係產生懷疑。隨著年歲漸長，經歷的事情多了，開始了解到每個人都不是完美的，尤其是身邊的朋友。我會拿放大鏡看他們，稍有瑕疵，就會開始否定他們。然而，如果我有一點耐心，過不了多久，又會看到朋友身上的亮點，他們又會變回那個讓我捨不得離開的人。

心裡太疼了，不得不轉移到身上

作為憂鬱症患者，我遭受的身心折磨是常人無法想像的。我會感覺自己什麼都做不好，活下去看不到希望，死又想到自己可能帶給家人朋友的痛苦，於心不忍。我每天如同行屍走肉一般，還得裝作什麼也沒發生，內心極度痛苦，無處宣洩。痛苦至極之時，我會用頭撞牆，搧自己耳光，用力扯頭髮，甚至拿小刀劃傷自己。

身體疼了，似乎心裡就沒那麼痛苦了。

這些常人看來是匪夷所思的事，憂鬱症患者卻在別人看不見的角落裡做了很多遍。為什麼會有這樣的行為呢？難道憂鬱症患者感覺不到痛嗎？

自殘源於身心痛苦的爆發。那麼，憂鬱症患者承受著怎樣的痛苦呢？

一是巨大的精神痛苦。在憂鬱症患者的眼裡，自己無能，還看不到希望，是被世界拋棄的人，不知道活著的意義是什麼，每天都在自責，討厭自己的無能，還沒開始行動就認定自己什麼都做不好，做什麼都會失敗。這種自我懷疑、自我否定讓人絕望。正如俄羅斯作家特羅耶波爾斯基（Gavriil Troyepolsky）所說：「生活在前進，它之所以前進，是因為有希望在；沒有了希望，絕望就會把生命毀掉。」

二是難熬的身體症狀。憂鬱症患者不只承受著精神的折磨，身體也會產生不良反應。呼吸困難、腸胃不適、頭疼、食慾下降、失眠、作惡夢等等，這些都是典型的憂鬱症症狀，而身體上的症狀讓原本就飽受精神折磨的患者變得更加難以忍受。

還有情緒宣洩困難。最初患有憂鬱症時，我得到最多的回應是：「想開點，該吃就吃，該喝就喝。」朋友也都認為休息休息就沒事了。基本上大家比較一致的看法是想得太多，給自己壓力太大。

甚至不是很熟的人會認為這就是無病呻吟和裝可憐。

面對各種各樣的猜測，我也無力去解釋了。我是多麼希望有人能不帶偏見地聽聽我的訴說，耐心傾聽我講講內心的感覺呀！我不需要大家為我做很多，只需要給予一點陪伴，同理共鳴，陪我去看醫生。

不被理解，無處訴說，情緒無法宣洩，那時的我對這個世界充滿了失望。

■自殘是一種釋放精神折磨的方式

憂鬱症患者在承受精神和肉體雙重折磨時，還要面對外界的不理解，甚至嘲諷，也無法反駁，只能獨自承受。但人終究不是石頭，沒有那麼堅強，有血有肉有感情；隨著病情的持續，痛苦一步一步加深，終有爆發的時候。

而憂鬱症患者恰恰又不善於向外界求助，最終發洩的方式便向內轉化成了自殘，透過肉體的折磨來宣洩情緒，轉移精神層面的痛苦。

在憂鬱症患者存在自殘這個現象上，精神科專家們也做了大量分析研究，結果顯示，自殘行為可能有三種原因。

轉移痛苦

憂鬱症患者的自殘現象是源於情緒低落，伴有強烈的罪惡感，想要透過肉體痛苦來替代精神層面的痛苦。因為憂鬱症的症狀包括情緒低落、內疚、過度自卑、自我否定等，無法承受痛苦，又無處宣洩，從而產生了輕生的念頭。而本能的求生欲望又不允許自己這麼做，因此會轉而選擇自殘作為一種情緒宣洩方式，透過肉體上真實的疼痛感，來減輕或者覆蓋精神的焦慮和不安，從而實現轉移壓抑的情緒，緩解精神上的巨大痛苦。

感受自己的存在

憂鬱症患者由於習慣自我否定、自我批判，而失去了自我，活得像一具行屍走肉，找不到自己存在的真實感覺。此時就會選擇透過自殘來喚醒身體，抵抗身心的麻木，感受自己的存在。

用自殘來抵抗自殺

這聽起來似乎不可思議，其實很合理。當憂鬱症患者的負面情緒達到一定程度，身心已經無法承受，就有可能走極端自殺；而自殘相對於自殺，是患者對自己的生命做的最後挽留。因此，自殘或許是憂鬱症患者想要逃離死亡的自救方式，但如果憂鬱症患者最終發現自殘也無法解決身心痛苦，則依然會選擇走向最悲劇的道路——自殺。

自殘是重度憂鬱症患者在長期承受精神折磨和身體痛苦之後的極端爆發，也是一種無奈的吶喊。如果你發現身邊人出現自殘行為，請不要把他們當作異類，試著去傾聽他們的心聲，與他們同理，幫助他們找到宣洩情緒的方法。

值得慶幸的是，這些年陸續有些憂鬱症患者主動站出來，向大眾展示什麼是憂鬱症，得了憂鬱症後的痛苦有哪些，並呼籲大眾關注患有憂鬱症的群體，讓更多人了解憂鬱症的基本概念，糾正了過去大眾對憂鬱症的相關認知誤區。演藝圈曾有不少名人因為憂鬱症上新聞或公開分享其心路歷程，引起了廣泛的關注，促進了社會對憂鬱症患者的關懷。

憂鬱症對於大眾不再神祕，憂鬱症患者可以傾訴的對象也愈來愈多，不光有專業人士幫助答疑解惑、疏導情緒，更有很多身邊的朋友也能理解患者的痛楚，並為其提供一些慰藉。

於我而言，今天的我需要感恩那些一路幫助支持我的人。顯然，我是幸運的，在患病過程中，家人及朋友不僅沒有不理解和惡言相向，還能主動去學習了解憂鬱症相關知識，以便能更好地幫助我走出困境。在我做感恩練習時，他們是我最大的動力源泉。

窒息的家庭關係讓我憂鬱

愈來愈多證據顯示，憂鬱症與不良的家庭關係有著千絲萬縷的關聯。家庭關係有很多種，這裡著重探討一下原生家庭——我們與父母之間的關係和影響。在原生家庭的深遠影響這個課題上，近些年，心理學家們展開了大量的研究，統計數據顯示，每個人的性格和心理問題確實與原生家庭關聯性很強。

每個人都有自己獨特的原生家庭，從一出生，就攜帶著父母的遺傳基因，擁有來自父親和母親的二十三對染色體，父母的生活方式和為人處世方法都深刻地影響著一個人的成長。

兒童教育學家認為父母是所有孩子的第一任老師。我們從生下來就是天生的模仿高手，受父母啟蒙影響。我們透過模仿父母的所有行為和語言去認識、探索世界。而且兒童，甚至是嬰兒，都是非常會察言觀色、感受氛圍的，例如做了什麼事惹媽媽生氣了，媽媽強忍著怒火跟孩子解釋為什麼不能這樣做，然而情緒終將會透過微表情傳達出來。這些微小的表情差異，也能被孩子準確捕捉到，知道媽媽生氣了。

我在哄我三歲的兒子睡覺時，就經常被問：「爸爸，你是不是快沒有耐心了？」因為媽媽曾經跟兒子說過類似的話：「我快沒有耐心了啊，你趕緊給我過來。」而此時，兒子應該是透過我的臉部表情和語氣感受到了我的情緒。雖然我不想表現出不耐煩，也不想影響兒子的心情，所以儘量讓自己保持心平氣和，但顯然是失敗的，這些訊息已經被兒子捕捉到了。

一個孩子從出生到離開原生家庭通常要十幾年的時間。在這麼長的時間裡，孩子可以捕捉到多少來自家庭的訊息？這些都會沉澱在孩子體內，潛移默化進心靈深處，成為日後影響他人生走向的重要因素。

在成長中的每一分每一秒，與父母和其他家庭成員的互動，都在教會我們一些觀點和方法，這些逐漸形成了我們的人生觀、價值觀。

例如父母如果是完美主義者，那麼孩子長大後可能會繼承父母的想法：我做得還不夠好，我需要付出更多、做到更完美，才有資格獲得肯定和認可。這種信念會導致孩子產生焦慮和憂鬱情緒，因為完美是永無止境的。

■原生家庭如何創造了憂鬱？

關於家庭關係的研究表明，父母嚴厲懲罰、過度干涉或者過度保護，都有可能導致或加重兒童和青少年的憂鬱症狀。

在孩子成年後，步入社會，來自原生家庭的一些負面影響就可能導致他遭遇諸多親密關係中的問題和阻礙——跟朋友相處時掌握不好分寸，無法建立健康的人際關係；談戀愛時出現過強的控制欲或者不安全感，害怕失去，導致最終分手；工作中處理不好突發事件，導致情緒崩潰，工作受挫。

我們吃過很多種食物，也容易知道自己喜歡吃什麼，對什麼口味無法忍受，所以我們可以選擇吃自己喜歡的東西。而原生家庭的問題就在於，我們沒得選，即便不喜歡，甚至反胃，父母也會強行把食物塞進孩子的嘴裡。時間長了，孩子的認知就會出現偏差，內心真正的喜好就會被忽視，但身體是誠實的，會透過某些方式呈現這些不舒服、不愉快、噁心難受，那就是憂鬱。

根據臨床觀察，憂鬱症患者往往都有一個「生病了」的原生家庭。心理學家認為，父母不當的教育方式是造成孩子心理問題的最大誘因。以下這八種家庭，容易養出患憂鬱症的孩子。

經常貶低、否定孩子

在未成年人得憂鬱症的病因裡，父母難辭其咎——所有人都知道，只有家長自己不知道。

忽視孩子情感

家長認為孩子還小，沒有那麼豐富的感受，也不尊重孩子的真實情感；對於孩子提出的抗議，先入為主地認為這就是鬧孩子脾氣，過一會兒自己會好，或者買根棒棒糖哄一下就可以了。孩子長期被忽視，既會阻礙形成獨立人格，也會讓孩子缺愛，沒有安全感，甚至產生憂鬱情緒。

只關注孩子成績

家長過度關注孩子的成績，一旦學不好，孩子會陷入自責焦慮，覺得自己對不起父母。長久的負面情緒，會讓孩子有憂鬱傾向。

父母總是吵架

父母總是吵架，孩子長期生活在緊張的家庭氛圍之下，尤其是激烈的爭吵、摔東西、發脾氣，在孩子腦海中會形成一幅恐怖的畫面。孩子甚至會作惡夢，不知道什麼時候就會失去家庭這個安全庇護場所，始終生活在擔憂恐懼之中，情緒緊繃、脆弱。

要求孩子懂事聽話

心理學家皮亞傑（Jean Piaget）透過數據統計分析，認為孩子愈聽話、懂事，長大後出現心理問題的機率愈大。

存在暴力

家庭暴力絕對是給孩子造成傷害最大的因素，無論是其他家庭成員承受的暴力還是自己承受的暴力，都將嚴重影響孩子成人後的三觀，對世界的認知容易走極端。

控制欲強

家長會控制孩子的交友、學業，甚至工作和感情，導致其喪失自主權，情感麻木。

留守兒童

父母不在身邊，孤獨無助、悲觀寂寞，使得孩子更容易存在憂鬱、自卑和焦慮等心理。

溫暖的童年會治癒我們一生，這是每個人都期望得到的。然而我想說的是，童年的環境我無法選擇，不管是歡樂的還是痛苦的，都有很多因素造成，包括歷史原因、特定時期國情、生活壓力等，甚至一些偶然因素和我本身性格的原因。這些因素類似於常說的不可抗力原因，並非是我被這個世界刻意針對了。所以，學著原諒這個世界吧，它不是故意的。

身為憂鬱症體驗者的我們，會更懂得有些話和事情的傷害性有多大，我們要做的是不讓自己經歷的痛苦再在其他人身上重演。**即使我們依然是患者，也嘗試去善待周圍的人，做一個發光的憂鬱症使者。**

Chapter 2

掙扎著不躺平，因為還有一點不甘心

為什麼受傷的總是我？

「為什麼受傷的總是我？到底我是做錯了什麼？」這是膾炙人口的一句歌詞，然而這句歌詞恐怕也是我在憂鬱時問自己最多的一句話。我時常覺得自己受到了傷害，敏感得像隻小貓，不可觸碰，只好把自己蜷縮在一個小盒子裡，因為害怕所以拒絕與外界的接觸。

直到後來的某一天我才明白，其實並不是別人在傷害我，而是我在傷害自己，用一個詞形容就是「自怨自艾」；偶然聽到別人說什麼，都能聯想到自己身上，然後莫名其妙就受傷了。哪怕是看到太陽下山，都能傷感一場。

面對這種情況，我曾經看到一個新奇的解釋：「消極的人可能是潛意識裡認為自己需要這個消極的情緒。」這聽起來似乎有點難懂，你可以把它理解為生病導致大腦產生錯覺，就像林黛玉自怨自艾一樣，陷入一個狹小的訊息迴路空間，走不出來。主觀表層想要自己快快好起來，但潛意識層裡沒有同步這個訊息。

當然，這個解釋並沒有得到相關心理學專家的證實，缺乏科學依據，只是一種我對憂鬱症的思考角度。

在心理學層面，這種自怨自艾的表現叫做「迴避型人格障礙（avoidant personality disorder）」。迴避型人格障礙是人格障礙的其中一種。此類人對社會環境常感到緊張不安，所以他們會盡可能地避免出現在外界環境中。有迴避型人格障礙的人往往對環境抱有懷疑和不信任感、不安全感，在社會環境中緊張不安，所以通常都是獨來獨往、獨自生活和開展工作。

而迴避型人格障礙在醫學上有明確的診斷標準：一、因懼怕批評、否定或者拒絕，導致迴避需要較多人際關係交往的活動，有點像常說的「社恐」。二、除非確信對方喜歡自己，否則不願意與他人有關聯。三、因為害怕出醜或者被羞辱，面對關係親密的人也會過分客氣。四、在社會交往中，過分重視批評以及拒絕。五、因為覺得自己缺乏能力，不願發展新的人際關係。六、認為自己與社會格格不入，一無是處，或是比其他人差得多。七、因為害怕出醜，極不願意冒險或者是參加新的活動。

人人都在乎心理健康

在憂鬱症初期，我並不認為自己有問題，也堅信我的自我調節能力很強，可以把自己調整好。因為從小到大，我都是一個很獨立的人。不管我的內在世界是自卑的還是自信的，至少在理性層面我是自信的，我有足夠的信心認為自己可以調節好自身情緒，不需要外界幫助，也不認為自己有什麼大問題。

我是在農村長大的，九歲時，全家搬到了父親工作的城市，兩地的距離大約為一百五十公里。後來因為讀書和工作的原因，我又輾轉過幾個城市，所以從小到大，我從未在一個城市生活超過十年；即使在同一個城市，我也跟隨父母搬過好幾次家。

記憶中，有一次在大學暑假，我想回家卻找不到家的位置，因為我父母已經搬家了。那時還沒有智慧型手機，無法透過定位導航，後來是哥哥與我約定地點集合，他帶我回家的。這一次次的環境變化，鍛鍊了我對新環境、新狀況的反應能力；但同時，或許也正是這一次次的環境變化，給我帶來了一些潛在的性格問題。對此，至今我仍然不是十分確定。

我從小很獨立，相比同齡人，很多事情都是自己做決定，這得益於父母對我沒有進行太多的干涉和管制。記得上學時，每次考試老師都要求把考卷拿回家給家長簽名，我是班上唯一一個自己簽名的學生。

家裡有三個孩子，父母對我們的教育方式，按現在的說法叫作「放養」。對於讀書，父母很少過問，原因有兩個，一是因為生活的壓力，父母要忙著賺錢養家；二則是我從小很懂事，父母對我比較放心。所以我在讀書期間，並沒有受到像同學們那樣來自父母的約束，相對來說自由得多，讀書的事情基本都是自己看著安排。所以一路走來，我的獨立性很強，很早就會自己拿主意。

正因如此，當我的身體狀態出現異常時，我不以為然。畢竟過去我也會有失眠、焦慮、緊張等情況的時候，但不是一樣好起來了嗎？本著這個信念，我採取了順其自然的方式來調整情緒。

當然，我也會上網查詢一些知識，嘗試一些網路上介紹的調節方法。

然而這一次似乎並不像之前那麼順利，失眠、焦慮等情況不僅沒有好轉的跡象，甚至越發嚴重。白天的我變得毫無精神，對什麼都提不起興趣，不想出門，害怕見人，吃飯也是味同嚼蠟。我不知道問題出在哪裡。也許是我過於急躁，也許是調節情緒的方法不對，我感覺自己似乎愈努力愈無力。

直到我看到了一本書——心理專家李宏夫撰寫的《情緒自救》，才開始意識到我很可能是患了憂鬱症，而且已經嚴重到一定程度了。於是我開始重視自身的心理健康，陸續查閱了很多有關心理知識的書籍、資料，尋求自救。

雖然大部分憂鬱症患者剛開始對自己的情緒狀態好壞有一定的認識，知道情緒不好或者感覺到身體不舒服，但不願意承認自己生病了，更加不願意承認自己得了憂鬱症。

如今已比我生病的時候已經好很多了，當下社會對憂鬱症的認知進步很快，大部分人都知道有憂鬱症這樣一種病，也知道得了憂鬱症需要治療。然而，在我最初生病的那個年代，憂鬱症是不具有廣泛認知度的。不管是自己還是周圍的人，都覺得罹患憂鬱症的人是「矯情」、「閒著沒事幹、吃飽了撐著」、「閒出來的富貴病」，很少有人把憂鬱症當作一種精神心理疾病。

現在，憂鬱症已經被更多的人了解，也意識到憂鬱症沒有那麼神祕，只是一種常見的病而已。很多人把它稱為「心靈上的感冒」。

正視自己的現狀

憂鬱症當前已廣泛為社會接納和認知，雖然其病因尚不明確，但在擁有了大量臨床案例後，現在已經可以確定，憂鬱症的發病因素包含生物、心理與社會環境等諸多方面。

不管是哪些因素導致我們患上憂鬱症，我們都需要正視自己的現狀，接受自己生病了的事實。透過第一章所介紹的自我評量表，我們可以對自己的現狀有一個初步的評估。當我們能夠開展自我評估時，說明我們已經在解決問題的道路上邁出了一大步。

只要我們有勇氣直面憂鬱症，不迴避，積極就醫，一切都將好起來。雖然憂鬱症病因尚不明確，但醫學上已經有了很多治療憂鬱症的方法，而且是經過臨床驗證，證實治療有效的。

按照《中國抑鬱障礙防治指南》的指導意見[1]，對憂鬱症，根據其輕度、中度及長期門診治療無效的嚴重程度不同，採取的治療方法也不同。

輕度憂鬱症可以單獨進行心理治療或採取心理治療聯合藥物治療的方法。單獨進行心理治療應該定期對療效進行評估，效果不佳時，應儘早開始進行藥物治療。

中度及中度以上憂鬱症應該立即開始進行藥物及物理治療。現在已經出現較多新型抗憂鬱藥物，物理治療包括磁療、電療、中醫治療等，都可以有效改善症狀，從而快速緩解憂鬱情緒，減少和消除不良風險。患者若門診治療長期無效，還需要考慮進行住院治療。

我確診憂鬱症時，藥物治療和心理治療是同步開展的，治療效果很好。雖然週期較長，但無論是身體狀況還是心理健康，都效果顯著。

如果有過照顧他人的經驗，尤其是照顧老人，會有這樣的體會：如果我們把治療疾病看成一個工程計畫，那麼真正的治療過程其實只占工程進度的百分之五十，而另外的百分之五十則是開始接受治療之前的心路歷程。

要開始治療，就需先讓病人意識到自己病了，並真心接受自己是個病人，需要照顧、需要治療的現實。而現實情況卻是大部分病人並不願意承認自己在生病。最典型的就是家裡的老人，勸他們去到醫院是一項十分困難的工作。

每個成年人都有自己獨立的思想和認知，那麼在如何對待生病這件事上，是難以說服他人的。我們往往在勸說這件事上就需要消耗掉大量的時間和精力，當病人真的走入醫院時，一切反而好辦了，只需要做到積極配合治療。

因此，正視自己的現狀，對於憂鬱症患者而言，其重要性不亞於任何一項治療措施。這雖然有些難以接受，但相較於長期的痛苦，暫時逼迫一下自己去正視現狀是十分值得的。

---

❶二〇二二年六月，英國國家健康與照顧卓越研究院（NICE）發布成人憂鬱症治療的更新版指南，強調階梯式照護（stepped care）概念，其中對於輕症患者優先建議心理治療，近年流行的正念冥想亦在推薦清單上。

誰也不是一開始就能做到最好

憂鬱症治療的過程是漫長而艱苦的，主要是內心的掙扎和恐懼讓人精疲力盡。最初，藥物效果很快就起了作用，但心理治療則是有點反覆，剛開始難以保持持續性。

對於初期心理介入治療做得不好的情況，多半是兩個原因造成的。第一，對治療沒有充足的信心，半信半疑。本身對憂鬱症的認知存在偏誤，曾經了解的零碎資訊使我們形成了一種主觀意識，認為憂鬱症是「不治之症」。事實上，憂鬱症是完全可以治療的，而且是有科學方法可循的。

因為對治療沒有信心，所以對心理師抱持抵抗情緒，不願意配合；對於治療方法沒有充足的信心，半信半疑；由於信心不足，在治療過程中碰到困難時，通常會開始質疑治療方法本身，那又怎麼能取得好的治療效果呢？在猶豫豫的過程中，憂鬱情緒就會進一步加重。

第二，急於求成。對治療效果急於求成的行為，反而會引起更多的焦慮，阻礙病情的恢復。

憂鬱症是一種慢性心理障礙，所以恢復需要時間。大多數憂鬱症患者總是著急好起來，導致自我攻擊更嚴重。我們恨不得早日消除憂鬱，可是愈著急愈痛苦。所以，最好的辦法還是積極地接受治療，然後耐心接受暫時的痛苦。只有這樣才能與自己和解，繼而與症狀和解。

如果我們本身學習了一些心理學知識，對憂鬱症的治療有一個客觀的認知，清楚地知道治療的方式，對治療效果有一定的心理預期，那麼，我們可能就會有一個更好的心態去面對治療。

讓治療發揮作用的正確心態

心理介入治療不是我們看到的像電影作品裡那樣聊聊天而已，而是有科學的理論支撐、大量的臨床數據統計、確定的方法和治療步驟的。

心理介入治療相對於藥物治療而言，過程會慢一些，需要的時間週期會長一點，這確實需要患者有足夠的耐心。但同時，心理治療卻又是不可替代的，其發揮的功效也是藥物無法代替的。對於重度憂鬱症患者，更是不能急於求成，心急只會加長治療週期，或者治療不到位，容易復發。

對憂鬱症患者來說，心態是至關重要的。要想真正地戰勝憂鬱症，除了要有好的方法，還要有一個正確的心態。你只有掌握了正確的心態，才會在戰勝憂鬱症的道路上更加輕鬆，更加快速。

第一種心態：不要把憂鬱症當成藉口，要帶著症狀積極生活

確診憂鬱症會給我們的心理帶來強大的衝擊。在確診初期，心理負擔反而會加重。這就像是一個人本來好好的，突然醫生告訴他得了癌症，他精神一下子就垮了，馬上就覺得身體這裡不舒服、那裡也不舒服。

有時候，學生就不去上學了，休學在家，上班族則會辭職在家。在家裡呢，也什麼都不想做，總是對自己說：「我有憂鬱症，沒有心情也沒有動力去做這些事。」把憂鬱症當成了藉口。

其實，更多的是我們自己把自己嚇倒了。憂鬱症的確會讓人精力降低、沒有心情，但是憂鬱症也沒有讓我們雙腿骨折，更沒有讓我們喪失行動能力。只要憂鬱程度不是非常嚴重，我們就應該嘗試帶著症狀去生活。

憂鬱症的產生來自內心的自卑、焦慮、完美主義、不接納自己等錯誤的認知觀念。這些認知只能在生活中慢慢去改變，光用腦子想是改變不了的。

第二種心態：接納當下的一切

我們得了病之後，容易抱怨老天爺對自己不公平，怨天尤人，責怪父母、朋友，抱怨周圍的一切。

憂鬱症帶來的症狀不管怎麼排斥，都不會消失。排斥它、對它反感，只會讓心裡充滿負能量，倒不如接受它，允許它暫時存在。而要想走出憂鬱症，首先要做的就是接納。只有接納自己，接納當下發生的一切，才能擁有良好的心態，而良好的心態是我們治癒憂鬱症的必要條件。

處於憂鬱症中的患者要勇敢地告訴自己：**「現在狀態不好的自己是暫時的，不必與過去的自己或者別人做比較，一切都會好起來的。」**

事實上，你不光會好起來，還會變得更好。憂鬱症其實給了你一個喘息的機會，在快節奏的生活中，來不及看清自我，也來不及思考人生。憂鬱症的到來恰巧給了我們一個時間窗口，慢下來，好好回顧一下自己的過去，思考當下，展望未來。

這不是說笑，是真實發生在我身上的情況，可以說如果沒有憂鬱症，我不會擁有現在的從容。從前的我只顧埋頭趕路，甚至都不知道方向在哪裡，只顧風雨無阻地前進。在治療憂鬱症的過程中，治療的需要迫使我停下腳步，學習心理知識；在正念、冥想等治療措施中，更加了解了自己，培養了良好的習慣，對待生活的態度變得淡定，看待事物更加客觀。

這讓我可以將自己抽離出來，就像是站在另一個人的視角去觀察自己，觀察身體的變化，情緒的產生和消失。這是一個非常有意思的過程。我感覺此時的身體才屬於自己，是我可以操控的身體。

當感受到可以完全控制自己時，我開始變得強大，比沒有生病的我還要強大。因為我感受到了一種自信，可以控制自己身體和意志的自信，對於外界的刺激可以做到心平氣和，理性對待事情的變好變壞。

甚至現在的我開始感謝治療憂鬱症的那段經歷。

第三種心態：要允許症狀的反覆

在憂鬱症的康復過程中，我們經常被這樣的問題困擾：「我已經在吃藥治療，而且吃了好久了，為什麼症狀還是反反覆覆的呢？」又或者：「我的憂鬱症已經康復一段時間了，為什麼最近的情緒波動又非常大呢？」

想想看，即使不是病人，一個普通的正常人也會有不定期的情緒波動和心情低落，更何況是憂鬱症患者，而且還正在接受治療。治療本身也會帶來一些額外的刺激，那麼出現一些情緒上的波動，是再正常不過的事情了。不管是憂鬱症本身症狀的反應，還是其他突發事件帶來的情緒影響，都是不可避免的，保持接納和觀察就好了，不必緊張。

對於治療過程中的病情反覆，容易讓人感到沮喪或者想放棄。但其實只要再堅持一下，再多給自己一次康復的機會，就會看到身體狀況其實是在起伏波形中向上走的，症狀的反覆頻率也會隨之降低。

這三種心態對於我們取得更好的治療效果非常關鍵，尤其是心理介入治療，積極配合和形成正確的認知，才能保障治療效果的持續性。

我該怎樣放過自己？

美國著名諮商心理師詹姆斯・維特（James Withey）寫過一本書《當你放過自己時》（*How to Tell Depression to Piss Off*）。這本書直白地告訴大家，憂鬱症也只是一種心理的「感冒」。只要我們找到治療這種感冒的方法，對症下藥，就可以快速地走出憂鬱，重獲新生。

詹姆斯・維特既是諮商心理師，也是一名重度憂鬱症患者，曾因憂鬱症接受住院治療。後來，他發起了一項關於憂鬱症的「復原書信（The Recovery Letters）」計畫，結合大量的患者情況，並藉由自己多年的臨床經驗，將治療歷程總結於這本書中。在這裡跟大家分享一下書中的三個要點。

第一，向外界求助。求助是本能，但有時我們被自己的胡思亂想桎梏，忘記了我們的本能。當我們看到動物界的一些互助行為時，我們會被感動，有感於牠們的真情流露。而人類之所以能夠繁衍生息直至今時今日，正是得益於人類與生俱來的協同能力。

在舊石器時代，人類的生存環境十分惡劣，隨時都有被凶禽猛獸攻擊的危險，如果沒有互相合作幫助，人類早已成為其他凶猛動物的腹中之餐。電影《流浪地球2》中，當人類共同面臨滅頂之災時，中方代表向全球各國要員展示了一根來自一萬五千年前的大腿骨化石。這根骨頭有曾經斷裂的痕跡，也就是說當時這個人受了重傷，大腿骨斷裂。

在那個時代，這就意味著死亡，因為他受傷導致失去尋找食物的能力，也不具備抵禦攻擊的能力，就只能等死。然而，我們今天看到的化石顯示大腿骨癒合了。這說明什麼？說明當時受傷的人肯定得到了保護和食物供給，才能有機會等待骨骼癒合。所以，人類互相幫助是與生俱來的天性。

憂鬱症患者就如同那個斷了大腿骨的人，需要同類的幫助。而作為憂鬱症患者，需要做的就是向外界發出求助信號。只要發出了，就會有人來幫助，因為這是人類的本能。

第二，感受快樂。感受快樂是一種能力，對於憂鬱症患者，只是暫時丟失了這種能力，需要積極尋回。

小時候看香港的電視劇，印象深刻的一句臺詞是：「做人呢，最重要的是開心！」這句話看似廢話，然而卻是道出了人生本質——快樂是我們熱愛生活的動力。而快樂的源泉正是我們自己，取決於我們感知快樂的能力。

曾經，我們都會思考一個問題，愈富有就會愈快樂嗎？其實這是一個偽命題，富有的衡量標準是金錢物質，快樂的門檻則取決於我們的感知力，而金錢和感知力兩者之間顯然是沒有關聯性的。

這種對於快樂的感知力在我們小時候是很強大的，童年的我們是那麼容易快樂，也許一根棒棒糖，或是一次遊玩，就可以讓我們快樂至極。隨著年齡的增長，似乎快樂愈來愈少，煩惱愈來愈多。所以，要想找回快樂，就需要我們向童年的自己學習，提高我們感受快樂的能力。憂鬱症患者更是如此。

當我們對一切都失去興趣、索然無味時，想想我們的童年，學會用心去體會每一刻美好，學會感恩今天擁有的一切，哪怕只是路人的一個善意微笑。

第三，放過自己。「放過自己」這個道理大家都明白，似乎也沒什麼可說的，因為我們都理解，也認同，然而做到卻是很難。如同經常會有人告訴我們：「做人要拿得起，放得下。」但真正拿起來了，恐怕真沒那麼容易放下。「放下」就意味著「失去」，而「失去」恰恰是人們恐懼的根源。

你是否聽過馬斯洛需求層次理論（Maslow's hierarchy of needs）？在理論模型裡有一個層次是安全需求。對於安全需求，我聽過最有意思的解讀是三個字：「怕失去」。最初，我還不能理解為什麼是「怕失去」，直到我的朋友給我講了一個中彩券的故事。

一位彩券愛好者閒來無事就喜歡買幾張彩券。某天，他經常買的彩券號碼終於中了大獎。他高興極了，腦海裡已經開始憧憬該如何支配這一筆巨額財富：他要換新車，再買一間面朝大海的房子。然而不幸的是彩券找不到了，翻遍了每個能找的地方，就是不見彩券蹤影。

眼見著即將到手的巨額獎金要飛走了，他崩潰了，精神再也無法承受這失去之痛，覺睡不著，飯也吃不下，終於還是走向極端，選擇了自殺。他的家人懷著無比沉痛的心情收拾他的遺物，在遺物中翻出了這張彩券，令人意想不到的是這張彩券其實並未中獎，因為剛好那一期他沒有買這組號碼。

這是一個悲傷的故事，仔細想想，故事主人翁其實從未得到過那筆巨額獎金，只是他以為自己中獎了；然而命運開了個玩笑，讓他認為自己失去了這筆獎金。這整個過程他並沒有任何損失，既然從未中獎，生活就沒有什麼變化，一切依舊。可是他為什麼就自殺了，無非他的內心體驗了一次「得而復失」。他自殺的原因恐怕就是「怕失去」。

放過自己就是要克服這種「怕失去」的心理。只有坦然面對一切得與失，才能心境平和，才能不跟自己較勁，也就「放下」了。

關於憂鬱症，有一句很戳心的自述：「沒人覺得我病了，他們只是覺得我想太多。」對於憂鬱症患者，他人的關懷很有幫助，而更重要的是我們自己如何對待自己。**當放過自己時，我們就是自己的那一束光**。

憂鬱症患者需要怎樣的陪伴？

當一個人感到悲傷時，哭出來也許會感覺好很多。當一個人感到憤怒時，給他一個發洩的地方，讓他盡情宣洩出來，情緒可以得到有效釋放。當一個人需要傾訴時，有一個靜靜的聆聽者，不時點點頭，他會心情舒暢起來。這些場景在心理治療過程中，在日常生活中，都在一遍遍地上演。這些動作之所以會產生作用，都源於同理。

陪伴憂鬱症患者最好的方式就是與他同理。在演講技巧中，我學到要會運用不說話的力量。同理在多數時候就是不需要說話，只要你在身邊，能夠站在患者的角度去感受，體會他的痛苦，這就足夠了。

也許，對於默默的陪伴，你覺得做得還不夠，但對於憂鬱症患者而言，這就足夠，這已經是一劑良藥，讓患者感受到了溫暖，感受到這個世界有人懂他的感受。

在網路尚未普及時，曾經流行過結識筆友，互相不認識，不見面，透過文字交流，互相做心靈的慰藉。那段經歷確實讓我感受到力量，也讓我的心情好很多，至少在這個世界的某個角落，有個人在關注著我，他懂我。

如今雖然不再流行筆友了，但我們還有另外的方式去尋找這種理解的力量。在憂鬱症被廣泛認識後，各地也陸續出現了不少的憂鬱症患者互助組織。在這樣的組織裡，我們有共同的感受，也自然能夠獲得更多的同理。

我曾經參加過一個深圳的憂鬱症患者互助組織。在那裡，聽病友們是如何撐過低谷時期的故事，從中汲取力量。互助組織讓我們不再孤單，也讓我們這種迷途的羔羊有了歸屬。

中國國家權威機構統計數據顯示，截至二〇二二年，中國的憂鬱症患者人數已將近一億，這表示每十四個人中就有一個憂鬱症患者❷。憂鬱症患者是一個龐大的群體，面對如此多需要幫助的人，也已經有了一些全國性的憂鬱症公益組織。無論是透過線上還是線下，只要我們主動踏出第一步，就能找到可以讓我們同理他們的地方。

❷ 據衛福部統計，臺灣有百分之八．九的民眾有憂鬱症，即大約二百萬人，其中重度憂鬱症患者占百分之五．二，約一百二十五萬人。

Chapter 3

放鬆，
輕輕療癒自己

讓我感到舒服的療癒工具

生病這些年，我跟朋友開玩笑說我應該可以被授予心理學學士學位了，畢竟我在治療期間學習了大量醫學和心理學專業資料，比大學時的專業科目還多。我也去很多知名醫院尋求過幫助，北京大學第六醫院、中南大學湘雅二院、母校華中科技大學同濟醫院，都留下過我的足跡。

根據美國精神學會編著的《精神疾病診斷與統計手冊》（DSM），以及《中國精神疾病分類和診斷標準》（CCMD）的分類，嚴重的時候，我應該處於中度到重度憂鬱發作的狀態。這已經不是平常說的想不想得開的問題了，是必須透過藥物和介入治療手段來控制病情的程度。

除了藥物治療，我也嘗試過很多憂鬱療法，進行心理介入治療，例如意象療法、感恩療法、認知行為療法（CBT）、正念療法、觀息法等。這些療癒方法的效果還是很顯著的，不僅幫助我釋放了情緒壓力，讓我儘量保持平靜，關鍵是讓我逐步找到了不同情境下調整情緒的方法。

不管哪種療法，治療的核心在於**「放過自己」**。精神分析學派鼻祖佛洛伊德（Sigmund Freud）說：「憂鬱者充滿了對自我的責備和詆毀。」美國精神病學界的著名教授貝克（Aaron T. Beck）也指出，憂鬱症患者習慣於自我譴責，對於所有發生的事，習慣性地歸因於自身的某些行為，不尊重客觀事實，使用錯誤的邏輯推斷，也正是因為歪曲客觀事物而患上憂鬱症。總之，就是因為患者對自己的要求過於苛刻。

我就是這樣的人。我的原生家庭並不富裕，父母一輩子都辛辛苦苦地工作。我長大後，兩個哥哥也都過著再普通不過的工人生活，而我是我們家唯一有高學歷的人——九八五院校[1]碩士畢業。所以我從走入社會開始，就給自己定了目標，也給自己綁上了枷鎖：我要努力，我要讓家人過上好日子，我是我們家唯一的希望。

我就是帶著這樣的使命一直奔跑，直到患上憂鬱症，才開始反思：

我的這些想法對嗎？

父母應該是希望我快樂，而不是這麼辛苦，對吧？

我逐漸開始嘗試做一些心態的調整，但收效甚微，因為我已經無法控制自己了。於是我開始轉向改變行動，嘗試接受專業的心理治療。

正如古聖人荀子告訴我們的，行動可以變成習慣，而習慣促進性格養成，性格又決定了我們的命運。所以，積極的行動會給我們的心靈帶來一些根本性的轉變。

■減法到加法，調整情緒的療法

我治療憂鬱症的整體思路，是按照正向心理學開展的，從消除負念到增加正念。在求助專業時，他們更多的是在幫我消除負念，這可以讓我的狀態從「壞」到正常。但正常其實還不夠，很容易復發，所以我還要給自己增加一些固定的行動。這些行動會帶來一些愉悅、開心、快樂的結果，不斷增加我們的正念，這樣自身狀態才能從正常到「好」。

如果你也有本書第一章中描述的症狀和感受，那麼接下來的這些療癒方法也許對你有幫助。根據自身情況，你可以嘗試行動起來，或許會有不一樣的體驗。並且在走出憂鬱後，它們依然不失為平日裡調整情緒的好方法，可以為自己和身邊的人創造一個更美好的世界。

意象療法

意象療法是一種結合西方心理動力學和東方文化思想，包括中醫理論的治

❶九八五院校，源自中國的「九八五工程」一流大學計畫，最開始只有九所學校入選，目前則有三十九所；九八五大學綜合實力、學科教育及科學研究，屬於頂尖學府。

療方法。這個療法非常適合中國人，因為我們有「象思維」，擅長圖像感知和頓悟，與西方的數位化思維不太一樣。意象療法的目的之一是將你安全地帶回生命中某一個沒完成的情景中去，幫你放下這些痛苦不堪的往事，讓你透過治療師的引導，逐步打開心結。

這種療法對改善我的睡眠障礙幫助很大，極大地降低了我睡前因為胡思亂想而導致失眠的機率。每個人都會擁有一些痛苦或者極度懊惱的回憶，希望自己不要再經歷那樣的事情，或者設想如果事情能重來一遍，會用不一樣的方式去處理。

我也有過，自己的一個舉動曾經嚴重地傷害了我的父親，在思想上對他造成了沉痛的打擊。無論是因為我少不更事，還是當時被錯誤的資訊或別人誤導，這一切都已經發生了。在後來的日子裡，當時的畫面無數次浮現在眼前，我極力想逃脫，拚命地轉移注意力，甚至搧自己巴掌。可是這些畫面似乎在我的腦海裡揮之不去，就像有人在我腦袋裡無聲地咒罵我。

或許，那個人就是我自己。

看電視遇到相似的場景，我就會極度抗拒，煩躁的情緒會立即被激起，就像是火藥引線突然被點著了一樣，原地爆炸，下意識迅速換臺，不敢去看。睡覺時，如果畫面突然浮現在我的腦海裡，我就必須坐起來找點其他事情做，才能轉移注意力。

心理研究表明，發怒其實是一種無能的表現。此時，我的暴躁情緒就源於我的無能。我想改變，希望那一幕從來沒有發生過，但我無能為力，這件事已經發生了。我時常責怪自己當時為什麼要這麼做，傷害了家人，想過這麼做之後父親該有多難受嗎？他最在意的就是我，然而我卻在他的心靈插上了最重的一把刀。自此以後，他似乎丟了魂，缺失了精神支柱，開始不再堅持自己，每天就隨便看看電視，聽聽收音機。

看起來父親似乎很平靜，但我知道他是被抽空了，沒有了自我，而這一切都是我造成的。雖然不全是，但至少最後一根稻草是我加上去的。這種痛苦和自責在我心頭壓抑了很久很久。有時候，窒息不一定是因為沒有了氧氣。

感謝我的醫師在我還沒有走向極端的時候，帶我走入了另一個世界。我開始嘗試意象療法。起初是很痛苦很抗拒的，但跨越恐懼最有效的方法往往是直面恐懼，直到走向平靜。

意象療法引導我逐步去接受已經發生的事實，透過引導，直面過去，不再一味地逃避。隨著時間推移，痛苦的程度在慢慢降低。直到後來，這件事已經不再讓我暴躁，但我依然不願意提及，或許在不久的將來我能真正地放下。

感恩療法

感恩這個詞相信大家都聽過，但對於感恩的理解不一定深入。

這裡，我們一起來重新認識一下感恩。

感恩意味著對一切的事物心存感激，不管是人還是物件，或是某些事，只要不忽略，正視其存在，並且不想當然地認為其就應該如此，就會對其感恩。這能幫助我們從更客觀的角度看待身邊的一切，並讓我們能享受自己擁有的一切，感受到愛與被愛。

心理研究顯示，感恩十分有益於產生強烈的幸福感。

《華爾街日報》曾發表過一篇文章，介紹了科學家們對感恩的研究成果。統計數據顯示經常感恩的人更健康、樂觀，幸福感也更強烈，不光身體更健康，出現憂鬱情緒的機率也更低。

塞利格曼（Martin Seligman）和彼得森（Christopher Peterson）兩位學者曾經做過實驗，他們邀請了五百七十七名志願者參與，兩位學者提供了兩個感恩練習，並對參與練習的志願者進行持續追蹤回訪。

這兩個感恩練習分別為：

- **感恩拜訪**：列出希望感謝的人並去拜訪，表達出你的感恩之情。
- **三件好事**：每天記錄你認為當天發生的三件好事，並具體寫下事情發生的原因，描述事情發生所帶來的良好感受，期待再次發生類似事情。

如果以前的你並不擅長感恩，那恭喜你，感恩的能力是可以後天培養的，尤其是這麼好的工具我們未曾使用過，一旦開始使用就可能帶來非常的體驗。

完全不用擔心自己做不到，去嘗試就會體會驚喜。

在我接受感恩療法的最初，其實想不出有什麼事情值得感恩的。後來在醫生的引導下，我逐漸意識到，其實任何事情都有值得感恩的一面，例如一個好天氣，一句關心的話，一頓美味的晚餐，這些都非常值得我們感恩。

從這一點一滴的積累開始，隨著練習的深入，會愈來愈習慣於感恩，也會愈來愈認同感恩的必要性。現在，我看待事情或者問題的角度已經完全不一樣了。這個練習讓我開始審視自己，審視周圍的一切事物。

感恩練習最大的益處是讓我們在面對困難時，能從客觀的角度去評估當前的形勢，以便找到最有利的應對策略，避免陷入憤憤不平的情緒陷阱之中。因為憤憤不平只會讓我們喪失理性、喪失客觀。同時，透過感恩練習，可以不斷強化思考問題的邏輯性，降低感受快樂的門檻，自得其樂的能力愈來愈強。

感恩練習最難的是開始。記得最初做感恩練習時，我其實是很不屑的，覺得太幼稚、太虛偽。作為一名理科男，我一直以來的思維是追求真實，打心底抵觸「假惺惺」的感恩。但當感恩變成一種習慣時，我的思維方式改變了，開始意識到原來生活給予我的一切都不是理所當然的。

一個悠閒的夜晚，感恩這份寧靜。
一首好聽的歌，感恩生活中還有音樂。
一個愛人的擁抱，感恩有你的陪伴。
一句來自父母的問候，感恩你們一直在關心我。
一句孩子的「我愛你，爸爸」，感恩我的小天使。
一個同事教會的技能，感恩你分享知識。
一句主管的肯定，感恩您的鼓勵。
一場酣暢淋漓的籃球，感恩我的身體還是健全的。
一次養老院的義工活動，感恩我還能幫助到他人。

現在，我感恩自己，感恩自己參與並堅持感恩練習。同樣的天空，同樣的花草，同樣的面孔，但感受不一樣了，感知美好似乎也沒有那麼困難。

認知行為療法（CBT）

認知行為療法（Cognitive Behavioral Therapy）是一種旨在改善心理健康的心理社會介入，透過改變無助的認知扭曲（例如思想、信念和態度）和行為，改善情緒調節。每個人都會對某些事件或對象存在一定的認知和看法，認知行為療法認為，每個人的情緒與他對遭遇的事情的認知有關，與這件事情本身沒有太大的關係。

憂鬱症包括三個基本元素：對世界的負性看法、對自身的負性看法、對將來的負性看法，它是一種持久的、負面的認知表現。這個認知表現其實就是我們的思維過程，憂鬱症患者思考的特點之一就是喪失了思維的客觀性，傾向於看到事情不好的一面，而不是事情的全貌。

例如口渴的時候看到桌子上有半杯水——

客觀的人就會想：「桌子上有半杯水。」

樂觀的人就會想：「太好了，這裡還有半杯水！」

而憂鬱悲觀的人就會覺得：「唉，怎麼只有半杯啊！」

這就是選擇性地看到事情不好的一面，忽略掉好的一面。一個憂鬱症患者先入為主地認為自己是個失敗者，他的思維就會去尋找各種各樣的細節來支持自己的這個假設；被喜歡的女生拒絕了，第一次嘗試一種運動結果表現很糟糕，這些都會成為失敗的有力證據。

其實如果這樣找，誰的身上都能找到一大堆挫敗，但問題是，在這整個尋找過程中，憂鬱的人通常傾向於去忽略，甚至沒有看到那些支持我們「還行」的證據。例如自己曾多次出色地完成了某些工作和重大任務，獲得廣泛好評；在某個專業領域，自己就是表現得比別人好，比別人更有天賦。在搜集證據去證明自己是個失敗者時，忽略了相反證據，這就是喪失了思維的客觀性。

對於問題更嚴重一點的人，哪怕他們看到了這樣的證據，也不會認可，只會覺得：「唉，這算什麼優點啊！這不是我認為的優點。」一般這樣想的人，對自己和自己的表現有高度理想化的要求，認為自己理應做得更好，因此不接受現在的自己，不能放棄對自己的高要求，那自然就不屑於用平常的小事來肯定自己。結果就是長期對自己只有負面回饋，沒有正面回饋，所以在他們的眼裡，生活中處處是挫折。這反而加重了憂鬱情緒和迴避行為，在現實生活中也更加受挫。

這樣一來，無論是回憶過去、解釋現在，還是預測未來，我們的想法都是帶著負性的標籤和濾鏡。因為我們總是記住那些不好的事情，隨著時間愈來愈長，大腦愈來愈相信自己就是個失敗者。這種選擇性的過濾，帶來對現實的扭曲解讀，就叫做「認知扭曲（cognitive distortion）」。

對於認知扭曲，治療思路通常就是做認知矯正。在認知行為取向的心理治療中，調整這種不合理的思維，就是治療的關鍵。當然，每個人的認知扭曲不盡相同，採用的治療方式也會有差異。

在這裡，我分享一個類似「三件好事」的方法，叫做「積極事情記錄」。透過這個訓練，我們能夠看到生活中好的方面。這個概念其實來源於主張用幸福、快樂、感恩這樣的積極情緒，去預防心理問題出現的正向心理學。

「積極事情記錄」就是要讓我們做到「好」。積極情緒會讓我們感覺良好，充分抑制消極情緒，每天的積極情緒和消極情緒的比例需要達到三比一，才能維持心理狀態的良好。

具體方法是在每天即將結束的時候給自己十分鐘，按照以下的四個步驟去一一記錄。

- **寫下今天遇到的一件好事。**
- **記錄事情發生時的心情。**
- **說明為什麼會發生這樣的事。**
- **思考如何讓這樣的好事在今後更多地發生。**

我列舉兩個例子。第一個例子是：

今天和朋友進行了視訊通話。

心情非常好，跟他聊得很開心。

因為我主動發訊息給他，問候他，剛好他也有空，才有了這次通話。

我平常不怎麼跟他聯絡，現在看來可以增加聯絡朋友的頻率。

第二個例子是：

今天做了一次正念呼吸，我感到非常放鬆。

心情是有成就感，因為很有效，我以後焦慮的時候至少知道該怎麼應對焦慮了。

因為我選擇去跟著那個課程練習了。

看來以後如果有想要解決的問題，我可以先不去質疑到底有沒有效，而是可以先行動起來，去試試看。

透過這個練習，我記錄下能讓心情變好的事情，並且找到自己具體做了哪個行動才帶來了這份美好，進而想想如何增加這個行動的頻率以便帶來更多的美好。練習的核心是讓我們能看到行為和情緒之間的關聯。

在我每天堅持記錄三件積極事情，並持續了一個月之後，我發現我的思維開始從習慣性地看到負面，轉而習慣性地看到正面。

正如前文所說，積極的行動可以改變習慣，習慣又養成性格，性格影響我們的命運。這個改變的過程也包括認知的全面改變，這也就是我們認知調整的過程。

我非常感謝這個治療練習，它讓我真正意識到積極的行動可以改變內在。當把一個思維的改變分解落實到可執行的具體行動上時，一切就變得沒有那麼難了。只需要堅持去做，就能獲得改變，不再陷於大腦裡的思維拉扯，從內耗中解脫。

上面兩個例子的共同點是，這些好的心情都是有行為推動才產生的。這其實是很多輕度或中度憂鬱症患者所需要的，需要多做一些事情來獲得好的體驗。憂鬱症患者去找身心科醫師時，通常做得最多的事情就是「躺平」。記得以前我在重度憂鬱的時候，就是覺得一點樂趣都沒有，出去能去哪兒啊，我還是在床上躺著吧。

當然這個是重度的情況，如果還稍微覺得自己有一點力氣，那一定要儘量突破自己的心理障礙，出去走一走。因為憂鬱時躺在床上並不是真正在休息，而是在不斷地自我攻擊和思維反芻（rumination）。這會導致我們喪失獲得外界正面反饋的機會，同時，又沒有機會去逃離這些來自內心的負面反饋，導致情緒憂鬱，從而進入惡性循環。

透過這樣的積極事件記錄能看到，我們是可以藉由主動做一些事來讓自己感覺更好。這種增加「好」的感覺，並不是說我們僅僅去吃喝玩樂，增加享樂，核心思想其實是透過調整我們看待事物的角度，獲得不一樣的體驗。當我們剔除錯誤的觀點的時候，很多痛苦也就隨之消失了。換個角度講，就會感到更積極了。

很多憂鬱情緒的痛苦其實來自對比，來自關注生活中那些不好的、糟糕的部分。比如我們設定了一個目標，只有升職加薪，我才能感受到快樂；只有買兩間房子，我才能感到快樂；只有擁有美好的愛情，我才可以快樂……然後拿著自己的現狀和這個目標做對比。對比就一定會發現差距。當我們發現這個差距自己怎麼也改變不了而無能為力的時候，就會感到絕望，而絕望悲觀就是憂鬱症的典型表現。

當然，我這樣說不代表我否定賺錢或者擁有一段親密關係是好事、是能讓人幸福快樂的事，而是說，哪怕我們暫時沒有這些東西，也依舊有能力、有權力感到快樂。我們只不過是選擇了讓自己難過，選擇了讓自己成為自己的敵人。如果一個憂鬱的人不去培養感知快樂的能力，那就會把期待寄託在那些外界的事物上，例如錢、頭銜、房子、被喜愛等。如果是這樣，那我們這輩子大部分時間都很難快樂，因為這些全都是難以掌控的外部因素。

如果我們的快樂層面能夠更多元化，例如晴朗的天氣、感人的詩歌，哪怕是自己生活當中一點小小的突破和成長，我們都會變得更容易快樂。

這就跟每個人笑點的高低不同一樣。我們有著更加充足的情緒儲蓄時，就可以抵抗那些不好的情緒。而且更重要的是，隨著這一點一滴的記錄，我們會變得更加積極，因此能夠更容易地獲得想要的外部因素，比如更高的收入、成就、被愛著。

選擇看到生活當中的美好，選擇看到那些「小確幸」，和成為理想中的那個心想事成的我們，並不是二選一的選擇題，而是一個先因後果的順序問題。

簡而言之，如果我們能選擇把注意力放在生活當中的美好上，就可以保持積極情緒。這不代表否定過去遭遇過的不幸，而是我們不主動去放大和聚焦這些消極情緒。

換一個心態，換一個角度，換一種觀念來看待同一個事物，就會得到完全不同的結論。

正念療法

「正念」最初源於佛教禪修，是一種自我身心調節的方法。正念強調觀察事物本身，包括我們的思考、情緒、身體感受等，有意識地關注當下，不批判，做開放的自我覺察。

正念療法（mindfulness therapy）是對以正念為核心的各種心理療法的統稱。較為成熟的正念療法包括正念減壓療法、正念認知療法、辯證行為療法和接納與承諾療法，是由美國麻省理工學院喬・卡巴金（Jon Kabat-Zinn）教授及其他幾位心理學家共同創立的，對焦慮症、憂鬱症、強迫症等精神疾病，都有較好的治療作用。現在，蘋果手機的個人健康數據中也有正念指數。

正念療法具有七個要素：

- **好奇心（初心）**：把每一次面對事物都當成第一次，保持新鮮感。
- **接納**：接納情緒的真實存在，不否定，不急躁。
- **不批判**：客觀觀察情緒或者事物本身，腦中能不偏頗地描述，不做主觀評價和判斷。
- **自我慈悲**：珍愛自己，接受當前的自己，不做自我傷害和人格的批判。
- **平等心**：對身心所有的體驗都接納並平等對待。
- **不刻意努力**：正念過程中無須壓抑某一種情緒，讓其自然抒發，只是靜靜地觀察它。
- **順其自然**：順應事物本身發展規律，包括情緒的變化，不強制轉變。

正念療法的具體執行方法包括盲眼食物靜觀、身體掃描、步行冥想、觀息冥想、正念聆聽等。

其中，觀息冥想我做得最多，在調節睡眠方面受益良多。觀息是藉由觀察自身呼吸，培養覺知和平等心，進而去除心的習性發展模式，達到心靈的淨化。呼吸是每個人都擁有並能關注的對象，也是生命的基礎。觀察呼吸，不僅可以加深對自己生命本身的理解，還可以使心變得穩定、敏銳和專注。

在心理學上，專心的呼吸運動是身體和心靈的一體練習，讓身體和心靈合併，消除對抗的固有想法，回到真實的自我。具體方法有兩個步驟。

- **選擇一個放鬆的姿勢靜坐**

最好坐在硬實的地方，例如在地上鋪一塊瑜伽墊，將雙腿盤起，雙手自然置於膝蓋之上。閉上雙眼，將注意力集中在呼吸上，保持專注，感受氣息由鼻孔吸入，經過咽喉，到達肺部，感覺肺部的鼓起，舒緩地將氣呼出，觀察氣流由胸腔逐步到達鼻尖，氣息帶著溫暖和溼潤到達嘴的前方。

‧除了呼吸，什麼都不做，什麼都不想

不管是什麼心態、產生什麼想法、產生什麼樣的感情、心臟或身體產生什麼樣的感覺、無論是愉快還是不愉快，都要保持平靜，也就是不去管它們。我們要做的就是繼續觀察，彷彿除了呼吸，其他一切對你來說都不重要。這樣每天練習兩次以上，每次二十分鐘。

這個練習看起來很簡單，但其實做起來還是挺難的，主要是摒除雜念沒那麼容易做到。身體放鬆比較容易，思緒則一不留神就跑偏了。

我在練習了兩個月之後，才能做到二十分鐘不被雜念干擾，還不是每次都能做到。在練習了半年之後，我可以做到完全放空自我，每次練完後感覺整個人心靜如水，心率可以降低到一分鐘六十多下。

睡覺前做觀息練習，這對我的睡眠幫助很大。入睡時情緒更平靜，氣息更

穩。運氣好的話，可以做到五分鐘內入睡。

以上是一些我使用過的憂鬱療癒方法。積極使用這些心理治療的同時，我也在生活中尋找一些自我調節情緒的方式，例如聽音樂、讀詩、爬山。這些很常見，是大家都很容易做到的。

音樂，我不去限定聽某一類型的，但過於悲傷的通常不聽。舒緩的交響樂是我比較喜歡的，能夠讓身心跟隨旋律舞動。

詩歌是人類語言的精髓，讀詩可以從中汲取力量。當我們大聲吟誦出詩歌時，情緒得以釋放，新的能量注入我們的身體。我特別喜歡的一首詩是汪國真先生的〈熱愛生命〉，每每猶豫徬徨時，它總能帶給我無限的力量，支持我繼續前行。

另外，讀詩給我帶來一個意外的收穫，幫助我練習腹腔和胸腔發聲。我現在去授課時，聲音明顯更洪亮也更有穿透力了，能做到發聲收放自如。

爬山則是一種放空自我、淨化心靈很好的方式。我尤其喜歡去爬一些人煙稀少的大山，在這裡，可以聽著自己的腳步聲和呼吸聲前行。那種感覺特別踏實，彷彿世界一塵不染，能感知生命的存在，純粹而不孤獨。

不得不說，在這一路走來，我要感恩的人太多，他們或是幫助我，或是鼓勵我，或是給了我一個暖心的擁抱、一個明媚的微笑。治療師們用種種方法一步一步引領我走出困頓，教會我正視自己的一切，放下但不遺忘，平靜但不冷漠，堅持但不妄加桎梏。

這些療癒方法值得你去嘗試，不管你是正在憂鬱中，還是內心徬徨。正確的方法會幫助我們，也能給我們一雙發現美好的眼睛，幫我們淨化自己的心靈，感恩身邊人。

世界未變，但我們的感知正在改變。

正視心理創傷

奧地利心理學家阿爾弗雷德·阿德勒（Alfred Adler）說過：「幸運的人用童年治癒一生，不幸的人用一生治癒童年。」成年人大部分心理疾病都源於小時候的創傷後遺症。

童年時期遭受的創傷不會隨著時間而被淡忘，甚至可能會伴隨受害者一生。韓國三星首爾醫院精神科全洪鎮教授領導的研究小組發表過一組研究數據，該數據顯示，童年時期遭受過霸凌的人，成年後罹患憂鬱症的機率比未經歷過霸凌的人高一·八四倍。該研究小組的統計樣本為四千六百五十二名成年人（平均年齡四十九·八歲），其中共有二百一十六人（百分之四·六）被診斷出患有憂鬱症。

針對這些憂鬱症確診患者，研究小組調查了他們童年時期經歷的創傷，並比對分析這種創傷與成年後患憂鬱症之間的關係。結果顯示，他們在童年時期經歷的創傷類型主要為心理創傷、身體創傷、情感忽視、霸凌及性暴力。

其中，與成年後憂鬱症發作關聯最大的則是霸凌。早在幾年前，我就曾聽一位韓國朋友說過，韓國的校園霸凌現象十分普遍，幾乎在每個校園都存在，已經極大地引起了社會關注，我們透過韓國的一些影片也能窺其一二。

而近些年，在中國也相繼有一些新聞媒體報導校園霸凌現象，雖然還不是很嚴重，但也要及時遏制住風氣，否則會導致嚴重的青少年社會問題。幸運的是，政府的相關部門已經對校園霸凌現象給予了高度重視，並採取了多種措施遏制這類事件的發生，也在校園中建立了多種反應問題的管道，並且做了大量宣導工作❷。

❷在臺灣，教育部設有「1953反霸凌專線」，而「校園霸凌防制準則」也於二〇二四年四月十九日施行，詳見教育部防制校園霸凌專區。

我的孩子現在還在幼稚園階段，但我已經收到了政府部門發布的關於校園霸凌該如何應對的教育影片，並要求家長和子女共同完成觀看。這是一項非常好的措施，儘早告知青少年該如何應對霸凌，可以及時制止不必要的傷害，也讓家長和孩子能就暴力問題更好地溝通。

無獨有偶，全球醫學權威雜誌《刺胳針》（*The Lancet*）在二〇二二年發表了一篇文章，是童年創傷綜合分析研究團隊根據實驗研究數據得到的重要研究成果，主題是童年創傷與憂鬱症的關係。此次研究是近些年最大規模的、涵蓋層面最廣的一次。研究結果顯示，有童年創傷經歷的群體，更有可能患上重度憂鬱症，憂鬱的症狀也會更加嚴重。

此次研究的對象包括六千八百三十名參與者，其中百分之六十二的人有受過童年創傷的經歷。創傷的類型包含：情感忽視、情感虐待、身體忽視、身體虐待和性虐待。

研究結果顯示，和沒有童年創傷的憂鬱症患者相比，經歷過童年創傷的憂鬱症患者在基線標準上的憂鬱嚴重程度顯著增加。但好消息是，雖然經歷過童年創傷的患者在治療前的症狀更嚴重，但與未經歷童年創傷的患者相比，無論是在藥物治療方面，還是在心理介入治療方面，其治療效果都更顯著一些。

我生長於湖北黃岡市紅安縣的農村，童年時期倒是沒有受到任何實質性的創傷。我是在母親陪伴下長大的。我父親是一名貨車司機，在另一個城市工作，雖然只有九十公里的距離，但在那個年代，對於童年的我，那是一個很遙遠的距離。記得小時候要去到父親那裡，需要轉三趟車，中途還需要坐渡輪過江，汽車直接開上船去擺渡到對岸。這個過程那時倒是覺得很新鮮、好玩，只是大人不讓下車，只能在車上看著黃黃的江水。

童年時與父親相處的畫面，我其實已經記不太清，只有模糊的零星畫面。印象深刻一些的是父親每次從外地回來，帶著各式各樣的禮物，我高興地拆開禮物的畫面。父親每年在家的日子可以數得出來，所以我的回憶裡，似乎不太有與父親玩耍的畫面。對於父親的概念，更多的是我長大後透過理性的思維構建出來的形象，包括血緣親情，也是理性層面居多。

所以，我的童年是在母親的薰陶下度過的。母親是溫柔的、智慧的，對我的影響很大。但在成年後，我分析自己的性格，其實是缺乏一些血性的，偏柔。按現在的評判標準，應該算一個暖男，心思細膩，情緒穩定，但缺乏果敢剛毅的一面。在性格色彩測驗中，一直以來也是以綠色型人格為主。

父親於去年離開了我們。在他最後的日子裡，我在醫院守了三個星期。那段日子裡，回憶了很多，也思考了很多，這可能是我跟父親為數不多的如此親密的接觸。雖然他已經無法用語言表達自己的想法，但透過眼神，還有我們握在一起的雙手，激發了我內心最感性的一面，淚水是發自內心最真切的感受。很遺憾，在父親生前，我沒有主動跟父親做太多深層次的交流，更多的是停留在事務溝通上。

我的童年經歷與憂鬱的關係，我也說不清楚，無法直接地對應，但醫生的診斷意見是可能具有相當的關聯性。

憂鬱症患者痛苦的三個層次依次是：現實層面痛苦、意識層面痛苦、潛意識層面痛苦。而其中，潛意識層面的痛苦就是憂鬱症的根源。大部分患者只能夠覺察到前兩個層次的痛苦，並在現實層面和意識層面做努力，其實問題真正的核心在於潛意識層面的痛苦。

什麼叫做「潛意識痛苦」，它是如何影響和控制我們的人生導致憂鬱症的？潛意識痛苦就是我們早年經歷的創傷所帶來的痛苦體驗。這種體驗如此深刻，被吸收和內化，成為我們生命的背景。就像空氣，我們每天都在呼吸，但是我們卻感受不到它的存在。潛意識層面痛苦也是如此。

潛意識層面的痛苦具有彌漫性、持久性、模糊性的特徵。簡單來講，這種痛苦會像空氣一樣瀰漫在人生的每個角落，無論是獨處還是群居，痛苦的感覺都會存在，而且這種痛苦並不會隨著時間的流逝而消失。

■藏在潛意識裡的創傷

潛意識痛苦為何如此強大？

如果不加覺察，活著的每時每刻，都在體驗著早年的創傷，就像是無限循環播放的背景音樂。但潛意識痛苦也有一個致命弱點：當你不再懼怕它，不再逃離它，勇敢面對它的時候，它就會慢慢地消失不見。

如何面對它，不再懼怕它？難點在於你如何去發現它，看到它。因為潛意識痛苦是無形的、瀰漫性的。我們需要像偵探一樣，透過蛛絲馬跡去破案。從哪裡去尋找？我們需要從現實層面、意識層面的痛苦中去發掘潛意識的蛛絲馬跡。接下來，我們去尋找潛意識。

在這裡，我們先了解兩個非常重要的心理現象，一個是「止痛藥效應」，另一個是「刻舟求劍效應」，這是憂鬱症患者身上經常存在的心理現象。這兩個效應也會阻礙我們去發掘潛意識痛苦。

止痛藥效應

顧名思義，就是為了緩解疼痛，短暫地服用鎮靜類藥物，同樣地也有一些心靈止痛藥。憂鬱的朋友為了緩解精神痛苦，選擇一些行為來麻痺心靈，逃避痛苦。

舉例來講：有位憂鬱症患者，每當痛苦的時候都要去尋求性服務；還有一些憂鬱症患者把自己關在家裡，拒絕和外界聯繫；還有的憂鬱症朋友痛苦的時候去尋求愛情的撫慰，不斷地談戀愛。這都相當於在服用止痛藥，雖然可以緩解疼痛，但也是在麻痺自我，只會讓自己進入痛苦—尋找止痛藥—痛苦—尋找止痛藥的惡性循環。終有一天他們會發現，賴以緩解止痛的方式效用愈來愈弱，不得不尋找新的止痛藥。

刻舟求劍效應

把過去丟失的東西，放到現在去尋找，在心理學上就是過去沒有被滿足的需要放到當下去滿足。這樣做的必然結果是丟失的東西永遠找不到，需要永遠無法被滿足。

舉例來講，早年不被愛的孩子，在長大後渴望從自己的伴侶身上獲取缺失的父愛或母愛，他／她會在戀愛或者婚姻中以自我為中心，像孩子一樣需要被愛、被呵護。當需求不被滿足時，會情緒化和歇斯底里、責怪對方不愛自己。他／她渴望從伴侶身上得到父母的愛，但伴侶永遠只是伴侶，無法承擔父母的角色。經歷這類創傷的孩子，成年後畢生的努力都是在尋求父愛或者母愛，而不是成年人之間成熟的愛。

■解除強迫性重複，好好療癒自己

尋找止痛藥和刻舟求劍幾乎是憂鬱症患者每天都在做的事情。之所以會出現止痛藥效應和刻舟求劍效應，和創傷的性質有關。早年的心理創傷具有破壞性，會讓一個人的心理發展停滯在某個階段；生理年齡在不斷地增長，心智卻停留在創傷發生的那一刻。痛苦會在今後的人生中強迫性重複，讓人不斷地去尋找止痛藥和尋求依賴的對象。

我們進行心理自我療癒的過程，包括以下五個步驟。

審視現實層面的痛苦

審視現實層面的痛苦的目的是引發思考。對現實世界中遭受的失敗有一個客觀的認識，進而思索這件事本身是否足以引起我的憂鬱情緒，是否嚴重到把我推向了憂鬱症，是否有內心更深層次的原因，包括童年的陰影、曾經的重大傷害等。

體驗和覺察意識層面的痛苦

這個過程本身可能會帶來一些不適和痛苦，但即使如此，我們也不應該逃避，這是我們接近自己的潛意識必經的過程。意識層面的痛苦好比一把鑰匙，是通往自身潛意識的入口。意識層面的痛苦，可能是無助，可能是沮喪，也可能是生活失去意義；不管是哪種痛苦，都需要我們十分清楚地分辨，到底是哪種情緒或者感受讓我們陷入了巨大的痛苦之中？這個痛苦是真實的嗎？有沒有可能是我們自己放大了痛苦導致的？

連結潛意識痛苦

潛意識的東西往往與我們的過去有千絲萬縷的關聯，例如我們在童年時期缺乏父母的陪伴，或者在成長階段缺乏父母的支持，打擊我們的積極性成為常態，或者所處的生活環境帶來的長期的心理壓抑。這些都有可能導致成年的我們存在某種情感能力缺失。

當這種能力缺失體現在具體事情上，就給我們帶來了極大的精神痛苦。常言道，每一個脆弱的成年人內心都住著一個曾經受傷的孩子。在這一層面，需要我們追溯有沒有什麼童年記憶連結了當前感受的痛苦。

擁抱受傷的內在小孩

曾經的童年創傷已經無法被改變，當下我們能做的就是療傷，學會接受曾經發生過的。生命無法重來一遍，所有的經歷都是人生的一部分，不完美是人生常態。

可能大部分成年人對於原生家庭都有一些抱怨，我們也很容易將自己的問題歸因於原生家庭，現代很多心理研究也是這個方向。雖然事實上沒有錯，但似乎這也無益於改善當下的我們，唯一能做的只能是接受，打心底裡接受。只有接受了才能放下曾經的傷痛，從而撫慰當下的自己。

挑戰舒適區，建立新模式

成長通常源於痛苦，正所謂「梅花香自苦寒來」，人的一生本就是在一次次挫折中完成的蛻變。要想與過去的自己達成和解，只有走出當下的舒適圈去迎接新的挑戰，開啟人生新模式。

在性格分析理論中，我們經常提到紅色人格、綠色人格等類型❸，對於性格測試的結果，一般建議對缺失的色彩進行補充加強。而有一個現象很有意思，每個人在成長過程中，性格的色彩會隨著經歷改變。

我有一位認識多年的朋友，曾經是綠色人格，但後來因為工作需要，每天要跟幾十個客戶或者經銷商溝通各種事項，經過幾年的磨練，她的性格色彩發生了改變。再次測試時，紅色人格明顯增強。如果按天賦特質診斷系統（Professional DynaMetric Programs，ＰＤＰ）職業性格來分類，已經從無尾

❸ 瑞典行為科學家湯瑪斯．埃里克森（Thomas Erikson）創立「ＤＩＳＡ四色溝通術」，將人類的行為模式分成四大類，例如紅色人是支配型，綠色人是穩定型等。

熊型（耐心型）轉變為老虎型（支配型）加孔雀型（表達型）。

雖然這種透過挑戰舒適區，開啟新的行為模式的過程有些痛苦，但由此帶來的改變是顯著的。現在的她充滿自信，走到哪裡都帶著陽光。

做出改變的過程也許漫長，但卻充滿意義和樂趣，因為你會看到不一樣的世界和自己，所以請保持耐心，用積極的行動來改變自己。

自我關懷，保持身心平衡

憂鬱症的療癒需要有好的生活狀態，保持身心平衡對於憂鬱症患者尤為重要。如果要對身心平衡下一個定義，可以解釋為：身心平衡是指生理的康健和心理上的健康，不管在任何時候，都能達到身體與精神的高度和諧與統一，保持一種高能量的狀態來面對學習、工作及生活。

幾千年前，古印度就有了瑜伽術。瑜伽不僅是練習身體柔韌的運動，更是保持身心平衡的好方法。五禽戲、八段錦也是實現身心平衡的良好訓練方法。在進行冥想、呼吸等訓練之後，人體會出現一個較為緩和的氣場，內部能量的流動比較均勻，人會感覺到肌肉鬆弛，神情放鬆，有一種置身於大自然中的美好感覺。

近幾十年來，人類科技高速發展，人們的生活方式發生了很大變化，生活更便捷的同時，生活壓力也愈來愈大。在快節奏的生活中要想保持身體和心理的健康，保持身心平衡就越發重要了。

但想保持身心平衡並不容易。我們身處社會大環境中，人際關係、人生際遇、事情走向常常與我們的心意背道而馳，正所謂「人生不如意十之八九」，不如意令我們產生不好的情緒，會打亂原本的平衡。

大部分人承擔著很多生活責任，包括家庭、工作和經濟等。對許多人來說，尤其是母親，由於要照顧孩子，就算只是想先洗個熱水澡放鬆一下再做家務，也時常不能如願。在紛紛擾擾的日子裡，要想保持身心平衡，自我關懷就是必不可少的。沒有自我關懷，就沒有穩定的情緒健康。

■ 自我關懷的益處

以我為例，承擔著成年人上有老、下有小的壓力，也正如前文所說，承擔著給自己賦加的家族希望，有時真的無法很好地進行自我關懷，甚至已經失去自我。我只是疲於支撐，盡力保住家人們所期望的一切。

很長一段時間裡，缺乏自我關懷導致我身心疲憊，變得很累，無法承擔那些需要處理的工作。無論是家庭責任、緊張的工作，還是重要的決定，自我的「獨處時刻」不足，進而影響工作能力和執行能力。

我在後來的主動學習中，逐步了解到自我關懷的重要性和力量，其本身並不會對健康產生顯著影響，但它可以讓人放鬆身心，從而促進身體的健康。醫學研究表明，放鬆身心會引起多種荷爾蒙變化，進而提高免疫力，減少壓力感，並幫助調整情緒。

身體健康

很多研究顯示，自我關懷活動可以活化我們的副交感神經系統。簡單洗個熱水澡或者看著電視、吃點零食，就能增強免疫系統。簡單說就是自我關懷讓情緒變好，引發的連鎖反應也會使身體變得更健康。

我曾經認為自我關懷是一種自私的東西，以自我為中心的人才會這麼做。實際上，自我關懷不是指簡單地在自己身上花點錢、買點衣服、吃點好吃的滿足一下自己的口腹之欲，還包括很多能讓自己心情愉悅、身心放鬆的行為。所以，真正的自我關懷往往是免費的，它簡單而平和，值得每個人擁有。

提高自尊

自尊和自我關懷之間是有關聯的。首先，在你寵愛自己之前，要知道自己是值得被寵愛的。經常地關懷自我實際上是向大腦發出了一個信號：「是的，我值得被好好對待。」長此以往，形成高自尊正循環，自信的笑容會洋溢在你的臉上。

讀懂自己的內心

當開始進行自我關懷時，每一天我都會有意識地去解讀內心的真實想法。隨著解讀次數的增加，思考會愈來愈深入，對自己的認知和定位將更深刻、清晰。一個人只有真正懂自己，才有可能獲得快樂，才不會活成別人眼中定義的那個你，而是一個純粹的、你想成為的你。

自我反思和獨處時間

每個人性格都是不同的，內向與外向的程度也不同。一些人喜歡社交，而對另一部分人來說，社交則是一種「折磨」。

自我關懷可以算是一種社交「暫停」，這對內向的人來說是很重要的，因為他們通常需要一些獨處的時間。

而且，在更大的範圍內，自我關懷也可以提供自我反思和自我分析的機會。這種反省的機會可以給人們帶來內心的平靜，對自我價值的認同和對自己的真正欣賞。沒有這些，就不可能有良好的心理健康狀態。

■自我關懷的行動指南

根據親身實踐經驗，我總結了五個自我關懷的方式。

加入對生活持積極態度的社交圈

人是受周圍環境影響的，身處積極陽光的環境中，可以身心愉悅。例如當我們心情煩躁時，通常會選擇到大自然裡散散心。

那麼社交圈也是一樣，我們可以根據自己的性格和喜好，尋找一些合適的社交圈，在這樣的社交圈中，我們的身心可以放鬆，能和朋友進行愉悅暢快的溝通。

我的性格比較內向，不善於表達，也不善於維持廣泛的人際關係，但如果有興趣相投的朋友，我也能侃侃而談，也非常享受與人進行深層的思想交流。

我選擇加入了一個兩性溝通交流組織，在這裡，我可以貢獻我的心理學知識和個人的生活哲學，幫助處於迷茫中的朋友。

當朋友們的問題得到解決時，我的自我感覺棒極了，能夠發揮價值讓我感到快樂。我還加入了戶外運動組織，在那裡有一群有趣的朋友，一路上我們充滿了歡聲笑語。

良好的飲食習慣

以前我的飲食習慣很不好，總是能給自己找到諸多藉口不吃飯，例如胃口不好、太忙了、不好吃等，導致出現腸胃不適，時常胃酸倒流，腸道敏感，稍有不慎就腹瀉等。

心理狀況與身體狀態是密不可分的，人的內外是一個整體。而身體健康的基礎是良好的營養攝入。

首先，需要規律的飲食，就跟睡眠一樣，需要規律化，讓身體產生記憶，到了時間，身體自然會做出反應。其次，注重飲食的營養均衡，保障身體日常需要的蛋白質、微量元素等。

當我確診患有憂鬱症後，醫生建議我調整好飲食習慣。為此，我專門請教了營養師，為自己制定了飲食計畫和每日食譜。這麼做的效果非常顯著，調整飲食後不僅身體能量充足了，就連睡眠品質也奇妙地被改善了。

堅持運動鍛鍊

醫生建議我每天至少堅持鍛鍊三十分鐘以上。對於日常不喜歡運動的人來說，剛開始不要太在意鍛鍊時長，保持不感到疲勞的鍛鍊強度即可。因為鍛鍊最重要的是持之以恆，堅持每日進行鍛鍊，培養習慣。

所以開始時不要給自己太大壓力，只需要堅持就好了。可以下班後少用代步工具，多走一段路，辦公時以站立代替坐著，參與一些球類活動等。

不管什麼時候，都可以採取忙中作樂的養生方式。我曾經喜歡打籃球，但隨著年齡的增長，打籃球這種運動對我的膝蓋損傷太大，所以後面這些年我酷愛走路。

如果是週末，我可以走十幾公里。在武漢時，我最喜歡的路線是從光谷出發，穿過華中科技大學、中國地質大學，沿著東湖環線一直走。環湖一周，既可欣賞風景，沿途還可以享受一點美食。

在深圳時，可以選擇往東或者往西，大小南山、濱海大道、仙湖植物園都是不錯的去處。在荔枝成熟的季節裡，走到荔枝公園去逛一圈也是不錯的選擇，不僅鍛鍊了身體，還可以順便買點新鮮荔枝吃。我在廣州時，則喜歡到生物島上閒庭信步一番。

確保睡眠充足

專家建議每日至少七小時睡眠時間。當然時間的長短不是固定的，每個人合適的睡眠時長會有差異，取決於睡眠品質。睡眠好不好的標準是白天精力是否充沛。我喜歡在睡前看一會兒書，但建議不要看小說類，可以選擇傳記、旅遊、美食、散文等書籍。

看書能讓我的心率慢下來，幫助我快速入睡和提高睡眠品質。如果有條件，還可以睡前吃一些含有褪黑激素（melatonin）的補充劑❹，這也對睡眠很有幫助。

❹褪黑激素補充劑在臺灣並不合法，衛福部將標示含 melatonin 的產品以藥品管理，未經核准不可擅自輸入、生產、製造及販售。

如果遇到煩惱，影響了睡眠，也可以嘗試一下冥想練習。睡眠不足對健康、意志力和抗壓程度都有不良影響，所以一定要重視睡眠。

制定個人目標

另一種形式的自我關懷是給自己設定一個目標，而且這個目標是在自己能力範圍內可以達成的。取得成就感會帶來身心愉悅，目標的實現總是能讓我看到自己的價值，充滿繼續前進的力量不管你的目標是關於愛好、藝術還是一門語言，只要把目標和個人成長共同納入自我關懷，就會獲得良好的體驗。

每年春節，我都會做一件事，就是列出下一年的目標。大多數目標我都實現了，而那些不能實現的目標，我都會在下一年重新審視。

■自我關懷評量表（SCS）

網路上很容易找到簡化版自我關懷評量表（Self-Compassion Scale），非常適合你做一個初步的自我評估。自我關懷評量表是由美國克莉絲汀・娜芙（Kristin Neff）博士開發，主要包含六個層面。

第一個層面是善待自己（Self-Kindness），當面對失敗和不如意時，對自己要採取溫暖和理解的態度。第二個層面是自我批評（Self-Judgment），用苛責和批評的態度看待自己的不足和錯誤。第三個層面是共同人性（Common Humanity），去理解痛苦和失敗是人類共同的經歷，而不是孤立的個別事件。

第四個層面是隔離（Isolation），遇到困難時，感到自己被孤立和與他人分離。第五個層面是正念（Mindfulness），以平衡和不批判的態度覺察自己的情緒和想法。第六個層面是過度認同（Over-Identification），過度沉浸於自己的消極情緒和想法。

下一頁就是「自我關懷評量表」，可以評測自己目前的自我關懷程度。

自我關懷評量表

題號	題目	從來沒有	偶爾如此	一半時間如此	經常如此	總是如此
1	我不滿意自己的弱點和不足，並喜歡對此進行批判。	1	2	3	4	5
2	我感覺低落的時候，容易沉浸在自己的情緒裡，而且總是關注不好的事情。	1	2	3	4	5
3	當我遭遇困境的時候，我把困難當作生活的一部分，我相信每個人都會遇到困難。	1	2	3	4	5
4	當我想到自己的不足時，我更加覺得自己孤立在人群之外，與世隔絕。	1	2	3	4	5
5	當我情緒痛苦時，我會嘗試給自己一些關愛。	1	2	3	4	5

6	當我把一件重要的事情弄砸時，我被無力無能的感覺所吞噬。	1	2	3	4	5
7	當我低落萎靡時，我提醒自己：世界上還有很多其他人和我的感受一樣。	1	2	3	4	5
8	當情況真的很糟糕時，我對自己也很苛刻。	1	2	3	4	5
9	當我感到受挫時，我試著調節自己的情緒。	1	2	3	4	5
10	當感到某些方面能力不足時，我試著提醒自己：大多數人都認為自己能力不足。	1	2	3	4	5
11	我無法容忍自己性格中我不喜歡的部分，對此也沒有耐心。	1	2	3	4	5
12	當經歷苦難時，我會給自己需要的關懷和溫柔。	1	2	3	4	5
13	當情緒低落時，我覺得大多數人都比我幸福。	1	2	3	4	5

題號	題目	從來沒有	偶爾如此	一半時間如此	經常如此	總是如此
14	當令人痛苦的事情發生時，我試著從正反兩方面去看待這個事情。	1	2	3	4	5
15	我視失敗為生活必不可少的一部分。	1	2	3	4	5
16	當看到自己不喜歡的那部分自己時，我感到很沮喪。	1	2	3	4	5
17	當把一件重要的事情弄砸時，我試著用正確的眼光看待問題。	1	2	3	4	5
18	當用力掙扎時，我覺得其他人的生活肯定比我容易。	1	2	3	4	5
19	當遭受痛苦時，我不會苛責自己。	1	2	3	4	5

20	當受到挫折時，我會被不良情緒淹沒。	1	2	3	4	5
21	當遭遇一些痛苦時，我會非常沮喪。	1	2	3	4	5
22	當我感覺低落時，我對自己的情緒抱有好奇和開放的心態。	1	2	3	4	5
23	我能包容自己的缺點。	1	2	3	4	5
24	當痛苦的事情發生時，我總會放大這個事情。	1	2	3	4	5
25	當把一件重要的事情弄砸後，我總感受到失敗者的孤獨。	1	2	3	4	5
26	我試著理解自己性格中我不喜歡的部分，並耐心對待。	1	2	3	4	5

自我關懷評量計分表

請分別填入各題分數，計算每一層面的合計分數後再除以 5，得出平均分數。

善待自己層面	題號	題號	題號	題號	題號	平均分數
	5	12	19	23	26	A：____
分數						
自我批評層面	題號	題號	題號	題號	題號	平均分數
	1	8	11	16	21	B：____
分數						
共同人性層面	題號	題號	題號	題號		平均分數
	3	7	10	15		C：____
分數						
隔離層面	題號	題號	題號	題號		平均分數
	4	13	18	25		D：____
分數						
正念層面	題號	題號	題號	題號		平均分數
	9	14	17	22		E：____
分數						
過度認同層面	題號	題號	題號	題號		平均分數
	2	6	20	24		F：____
分數						

總分計算公式

請在空格中填上分數

$$\left\{ \boxed{A} + \boxed{C} + \boxed{E} + \left(6 - \boxed{B}\right) + \left(6 - \boxed{D}\right) + \left(6 - \boxed{F}\right) \right\} \div 6 = \boxed{\text{最終得分}}$$

最終得分解讀

最終得分	自我關懷程度
1 ～ 2.5 分	自我關懷度低
2.6 ～ 3.4 分	正常範圍
3.5 ～ 5.0 分	自我關懷度高

好好吃飯，我就能獲得力量

這些年，經常聽到年輕人說一個詞：「幹飯人」。我很喜歡這個詞，聽起來就很帶勁。

「幹飯」，聽起來多麼有力量、多麼有激情，相較於「吃飯」這個詞，「幹飯」更有狂野且豁達的氣勢！

對於憂鬱症患者而言，這份精氣神是一劑良藥。

但是光有這份氣勢還不夠，我們還需要用科學合理的飲食來調節身心。關於好好吃飯，我們都知道它對健康很重要，而且也知道身體的健康會影響情緒的狀態，在這裡就不再贅述，這裡想給大家分享一些我們可能被忽略的資訊。

■ 疾病起源於腸道問題

腸道被稱為人類的第二大腦。這點似乎古人已經領悟，「蕩氣迴腸」、「肝腸寸斷」、「牽腸掛肚」，這些成語暗示了腸道和產生情緒的腦有千絲萬縷的關係。後來經科學家研究證實，大腦和腸道確實存在某種關聯，腸道反應能夠影響中樞神經系統，進而影響人的認知和行為。比利時傑若恩・雷斯（Jeroen Raes）教授及其團隊做過一項研究，研究結果證實了憂鬱症與人類腸道菌叢的構成有關。

無獨有偶，西方醫學之父希波克拉底（Hippocrates）的理論與此也是吻合的，認為人類的疾病均是源於腸道問題。若將人體比作一棵樹苗，那胃腸道便是樹苗的根基。一旦腸道微生態平衡遭到破壞，益菌減少，不僅人的情緒變得消極，還可能誘發高血糖、高膽固醇和其他身體疾病。很顯然，輕鬆愉快的外界環境和基因遺傳因素並不是我們能夠完全掌控的，但選擇吃什麼、怎麼吃，卻是我們切實可控的。

中國重慶醫科大學謝鵬團隊也做了一項很有意思的研究，研究成果同樣也顯示了腸道和憂鬱症的關聯性。研究結果顯示腸道微生物的改變會透過菌－腸－腦軸影響大腦的正常工作，引起壓力、焦慮或憂鬱等心理反應。

謝鵬團隊把無菌小鼠及無特定病原菌的有菌小鼠分為四組，其中兩組實施慢性束縛壓力處理。這一組的小鼠每天被束縛四小時，持續二十一天。結果發現，相較於無特定病原菌的有菌小鼠，無菌小鼠的焦慮行為較輕，且下視丘－腦下垂體－腎上腺（HPA）軸中的促腎上腺皮質激素（ACTH）釋放激素程度明顯提高。

這個研究從數據上證明了腸道微生物影響大腦的程度。謝鵬團隊對比過嚴重憂鬱症患者和健康人員的腸道微生物差異性，發現存在一定的不同之處，嚴重憂鬱症患者的腸道存在一部分獨特的微生物。

事實上，大部分抗憂鬱劑也要透過腸道微生物來產生作用。

還有其他一些團隊的研究也驗證了壓力會引起腸道菌叢改變，緩解壓力能使得腸道菌叢也跟著變好。

研究人員先給焦慮患者進行減壓訓練，透過持續的正念訓練來幫助他們緩解壓力，隨後，再給患者進行綜合認知心理治療和飲食介入治療。最終，患者的焦慮症狀有了明顯好轉，而且腸道微生物也快速恢復了正常。

這樣看來，那些壓力引起的腸道菌叢紊亂，確實是可以透過非藥物的心理諮商、瑜伽、冥想、正念訓練等減壓方式得以修復的。最近，加拿大滑鐵盧大學的一項隨機對照研究顯示，十分鐘以上的冥想就可以有效預防焦慮狀態。

除了透過緩解大腦壓力，菌—腸—腦軸是腸道和大腦之間上下溝通的管道，單純調節這個管道中的訊號分子也可以發揮強大的作用。褪黑激素是一種內源性激素，由另一種神經傳導物質血清素（5-羥色胺）衍生而來，是一類具有保護幼體或抗衰老作用的物質。有相關研究數據表明，褪黑激素同時還具備調整動物晝夜節律、提高睡眠品質、改善睡眠障礙、調節內分泌等作用，常被用於治療失眠。

隨著人們生活愈來愈好，也愈來愈關注吃，長期的高醣高脂飲食可能會讓我們罹患憂鬱、便祕、脹氣、腹瀉、胃痛的風險直線上升，因此養好腸道已成了現代人最迫切的需要。

養好腸道＝好好吃飯

那麼，如何才算得上「好好吃飯」？除了科學化作息、運動和好心情，規律的高纖、高蛋白、低脂飲食更有利於健康腸道菌叢的構建，防止「有害菌」揭竿而起，避免炎症反應及慢性疾病的發展。

所以，當你情緒低落的時候，別忘了好好吃飯。因為你的朋友——腸道菌叢還「餓著」，給它們提供能量後，它們會幫你度過憂鬱的低谷。除此之外，日常生活中還可以適當補充益生菌、多吃水果蔬菜、全穀類及發酵食品，幫助腸道內健康微生物的生長，有益於我們的免疫系統和全面健康，畢竟健康要從「腸」計議。那麼什麼樣的飲食是可以保護好胃腸道，能讓我們保持健康，提供力量的呢？

首先，深海魚體內有一種物質叫 Omega-3 脂肪酸，能讓人心情更愉悅。

葡萄柚富含維生素C，可以提高身體免疫力和抗壓能力，同時也是製造多巴胺等讓人興奮的物質的重要成分。香蕉中的生物鹼（alkaloid）則可以有效緩解情緒壓力。

菠菜含有大量的鐵質和葉酸，是人體所必需的兩類微量元素。一旦缺乏，就很可能引發憂鬱症等精神性疾病。並且，葉酸和鐵質攝入長期不足的人，可能會出現失眠健忘、情緒焦慮等症狀。久而久之，就會誘發憂鬱症。

櫻桃被稱作「自然界的阿斯匹林」，含有給人製造快樂情緒的花青素。另外，研究表明藍莓具有抗憂鬱的潛力。貴州省生物研究所一項研究發現，服用富含抗氧化劑的藍莓果汁和藍莓萃取物有利於防止產後憂鬱。很多產婦會出現暫時性的情緒波動，嚴重者會形成產後憂鬱症。藍莓能給產婦提供色胺酸和酪胺酸，從而抵消一種產婦生產後大腦中令人感覺良好的荷爾蒙的損失。

還有，醣類食物也是。吃醣類（碳水化合物中的複雜醣類）對腦部有安定的作用，多醣能提高腦部色胺酸，以此安心定神。

最後則是忌口，少食富含飽和脂肪的油炸食品。脂肪會抑制腦部合成神經衝動傳導物質，並造成血球凝集，導致血液循環不暢，尤其是腦部血液流動。

我們都知道營養供給對於身體疾病的病人恢復健康很重要，但對於精神類疾病，則容易忽略營養的重要性。精神類疾病往往讓人把注意力都集中在精神層面，然而根據心理學者們的研究，精神類疾病也與我們的身體狀況是否足夠健康有很大關聯性。

保持健康的飲食，調節好身體狀態，對治療憂鬱症也十分重要。

負面情緒來襲？別慌，深呼吸

負面情緒是每個人都會產生的，不可避免，並不是我們擁有足夠好的心態，就能完全避免負面情緒。既然其存在，就需要正視它，並且尋求因時制宜地抒解負面情緒。

關於這點，可以研究一下王陽明心學，吸收聖人的思想精髓，可以讓我們更深層次地認知自我，將其應用在疏導負面情緒上。

■緩解負面情緒的哲學思考

我們從哲學角度來解讀一下負面情緒。

禪宗

禪宗的實踐方式可以有效幫助我們控制負面情緒。透過冥想靜心，我們可以放鬆身體和頭腦，從而減輕負面情緒。例如，透過冥想我們可以學會潛心觀察自己的思想和情緒，但不去批判它們或陷入情緒中。這種觀察有助於我們理性地對待自己的情緒。

斯多葛哲學

斯多葛哲學（Stoicism）是一種古希臘哲學派別，它強調自制和冷靜思考的重要性。斯多葛哲學認為我們不能控制外部環境，但可以控制自己的反應和態度。例如，當我們遇到挫折時，我們可以透過著手能夠控制的事情，例如態度和行動，來應對負面情緒。

愛德華．狄波諾哲學

愛德華．狄波諾（Edward de Bono）強調人的自由意志和責任。他認為，我們需要意識到自己的情緒是自己產生的，而不是由外界造成的，因此，每個人需要對自己的情緒負責。例如出現憤怒、焦慮等負面情緒時，我們可以藉由積極的行動來控制和改變這些情緒，好比參加積極的團隊或者互助組織。

■如何管理自己的情緒？

控制負面情緒對於個體的身心健康和社交往來，都具有至關重要的作用。情緒管理既是一種必要的技能，也是一種智慧的體現。在實際生活中，不可避免地會有很多因素引起負面情緒。因此，負面情緒管理能力的學習和實踐是每個人都應該注重的事情。對於憂鬱症患者來說，更是必不可少的。

負面情緒管理能力的學習和實踐，主要涉及三個方面。

自我審視

重視個體的自我認知和自我審視，這有助於我們更好地了解自己的情緒和行為，從而更好地控制自己的情緒。換句話說，就是對自我的定位和認知，決定了面對事情時我們的心態是否足夠平和，對得失的看法是否客觀，這將直接影響我們的情緒走向。

人生觀和價值觀

人生觀和價值觀影響我們生活的方方面面，例如對於生活的理解、對待金錢的態度，這些觀點會影響我們如何看世界，也決定了我們將最終走向哪裡。每個人都應該擁有自己一套完整的底層邏輯。在此基礎之上，衍生出對萬事萬物的態度。這方面，也有很多心理學知識可以學習，例如情感邊界等。

內心的寧靜

哲學也強調內心的寧靜。在寧靜的狀態下，我們更容易控制自己的情緒。例如如今有愈來愈多的人透過冥想來達到內心寧靜的狀態，可以有效幫助放鬆我們的身體和頭腦，從而減輕負面情緒。

另外，負面情緒控制還需要個體注意四個重點。

第一，了解自己的情緒和觸發因素。個體需要學會觀察和分析自己的情緒和觸發因素，從而更好地了解自己的情緒狀態和應對策略。**第二，接受負面情緒**。負面情緒注定是生活的調味料，無法避免，個體需要學會接受和面對這些情緒，而不是試圖逃避或掩蓋它們。

第三，持續實踐。負面情緒控制是一種技能，需要不斷地實踐和練習才能不斷提高。**第四，尋求專業幫助**，如果個體發現自己的負面情緒控制能力無法應對當前的情況，尋求專業身心科醫生幫助是最有效的方法。

最後，需要指出的是，負面情緒控制並不意味著個體需要永遠控制自己的情緒。有時，釋放情緒也是必要的，尤其是個體在經歷人生重大變故時，需要讓情緒流動起來，讓其有效釋放，否則容易積鬱成疾。

至於調整情緒，我通常使用以下方法：一**是按下暫停鍵**，停止與他人、與自己的對抗行為。二**是專注呼吸**，正念呼吸讓我快速平靜下來。三**是觀察**，不帶批評地觀察自己的身體，感受哪裡最不舒服。

四是安撫自己，將意念集中在不舒服的地方，透過呼吸調節不舒服的感受。**五是與情緒展開對話**，探尋產生情緒的原因。最後，思考應對方法，尋求採取什麼樣的行動可以緩解負面情緒。

■好好呼吸的意義

這裡，特別要跟大家分享一下呼吸的意義。

有一句話是：「除了呼吸，什麼都不要做。」治療憂鬱症期間，醫生向我介紹了一個管理負面情緒的好方法：「深呼吸，數十下。」做這個動作，用不了五分鐘，人就很容易從失控的狀態平靜下來，找回理性。那些傷人傷己的咆哮、暴怒，就會慢慢消散，我們就能找到更好的辦法處理當下的生活瑣事，讓人生進入良性循環。

前面說過正念療法，這裡再著重談一談正念呼吸方法。

準備

為了更好地進入狀態，可以找一個安靜的、不容易被打擾的空間。找一個乾淨的墊子，平躺在上面，也可躺在床上，雙手平放於身體兩側，雙腳微微張開，向外舒展，放鬆。你也可以選擇坐著，挺直脊背，肩膀放鬆，雙手放在大腿上。

調整舒服姿勢後，慢慢地閉上你的雙眼。專注於你的呼吸，將你的心緒從其他想法中帶回到此刻。花幾分鐘感受自己的氣息運動和身體、地板或者床椅接觸面的感受。

專注呼吸

隨著每次呼吸的進出，認真感受腹部。第一次練習可將手放於肚臍周圍，這樣可以體會到手掌觸碰腹部的感覺，讓意識集中到該部位。即使手移開，還是可以進行聚焦。

用心體會吸氣時腹部輕微升起的感覺以及呼氣時腹壁的緊縮感。當你每一次呼吸時，請充分體會呼吸帶給身體每個部位的感受，讓注意力跟隨著空氣在身體裡流動，嘗試去捕捉身體各個部位每一個細小的感受和動作。不需要思考或者判斷，只需要感受和體驗。

呼吸的節奏可以採用四七八呼吸法：

- **四秒吸氣階段**：舌抵上顎，提肛。體會氣吸到腳後跟的感覺。
- **七秒憋氣階段**：讓氣體充滿全身，體會氣體散到全身的皮膚，想像全身像氣球般鼓起來。
- **八秒吐氣階段**：舌抵下頜，無聲唱「啊」，就像小時候對著玻璃哈氣那樣吐氣，按照打哈欠的方式去吐氣，想像氣從頭頂（百會穴）冒出。

不斷重複上述吸氣和吐氣的動作。如果誘發出真正的哈欠，那就舒舒服服地把哈欠打出來，打幾個哈欠後就會有眼淚。打哈欠的同時，也會分泌唾液，這就是道家所說的「瓊漿」，有時也會流出鼻涕排肺毒。

結束訓練

結束訓練前，慢慢地將注意力帶回你所在的空間，留意一下周圍的聲音。接著，輕輕地活動一下手指和腳趾，感覺力量慢慢回到身體，然後輕輕地睜開雙眼，回味正念訓練所帶給我們的平靜、祥和。

做正念呼吸練習時，可以聽一些正念練習的指導音檔，跟著做各種正念呼吸、進食、身體掃描的練習。如果熟練了各個步驟，可以自行選擇舒服、放鬆的音樂，沒有歌詞、含有自然界聲音的音樂就很合適。

做正念呼吸練習，有時也會有些困難。

例如做正念呼吸時無法控制規律放鬆的呼吸，怎麼辦？無須有意地控制自己的呼吸，只是簡單地讓呼吸進出，不需要去糾正什麼，也不需要達到某個特定狀態，只是去體驗你的體驗。除此之外，不需要做什麼。

還有，做練習時總是容易走神，怎麼辦？走神是一般都會出現的，這沒什麼大不了，既不是錯誤也不是失敗。當你發現自己的注意力不再專注於呼吸，可以溫和地恭喜自己，你察覺到了自己的體驗，留意到是什麼讓你分了心，然後再次溫和地將注意力導回聚焦於自己的呼吸及身體就可以了。

或者是在練習過程中，時而感受到全身燥熱，時而感受到手腳冰涼，是不是「走火入魔」了？正念呼吸練習中，有可能出現各種各樣的身體感覺，因人而異，不用太過迴避也不需要用力追求。

日常生活中，我們會習慣性地靠近愉悅的刺激而迴避讓人不適的刺激，但在正念練習中，我們需要練習改變面對它們的方式。所有的身體感覺都是覺察的對象，不要強迫自己產生某種感覺，也不要強迫這種感覺消散，只需要抱著開放的態度，學著觀察、不評判地感知它們。

對，只是感知它們這麼簡單。

潛意識聽得到每句話——避讖

語言是有力量的，但也許你未曾真正認識到這種力量到底有多大。我們先來看看負面案例。

■惡魔實驗

一九三九年，美國愛荷華大學的語言學教授溫德爾．強生（Wendell Johnson）做過一個非人道的惡魔實驗。

實驗者在孤兒院裡挑選了二十二名孤兒，其中有十名兒童患有嚴重口吃，另外十二名是正常的孩子。實驗者把這二十二名孤兒平均分成兩組，每組各有五名口吃兒童和六名正常兒童。

第一組孩子接受的是積極正向的引導。如果這一組孩子能夠流利順暢地表達自己的想法和觀點，就會得到實驗者的表揚和獎勵。而第二組孩子接受的是消極的引導，如若無法很好地表述想法，那麼這一組孩子就會被貼上各種負面標籤，包括辱罵和諷刺。

實驗進行了五個月時間，第一組接受正面引導的孩子裡，原本患有口吃的那五個孩子，雖然症狀並沒有得到顯著改善，但是明顯變得更加積極樂觀，性格開朗向上。但是接受消極引導的第二組孩子，他們的學習水準、認知程度和情緒管理都變得非常糟糕。更可怕的是，原本正常的那六名孩子，居然也出現了不同程度的口吃狀況。

這是一個臭名昭著的實驗，因為實驗者對孩子施加的負面標籤所帶來的傷害是不可逆的。這個實驗的後續追蹤觀察發現，第二組的十一名孩子，實驗帶來的心理影響並未隨著實驗結束而停止，持續影響了他們後來的生活。

相關統計數據顯示，全球每年遭受語言暴力傷害的青少年或者兒童人數超過兩億。語言暴力與欺凌，最常出現在青少年中，尤其是校園內，語言暴力和校園霸凌現象層出不窮。

然而負面語言有多可怕，正向語言就有多強大。

用正向語言自我激勵

對於自言自語，你是否感覺很奇怪？在我看來，這與一個人去看電影沒什麼區別，都是一種很好的獨處方式。而且有證據顯示，適當的自言自語對憂鬱症症狀緩解有相當大的好處。

如果想讓人生變得更好，那麼再也找不到比自己更好的探討對象了，因為沒有人比自己更清楚內心的聲音、感受是什麼樣的，也沒有人比你更清楚自己擁有哪些技巧和能力。

我們應該每天都做語言的「自我肯定」，選一些正能量的詞或者語句，然後每天如鸚鵡學舌般重複。最好是找一個你不擔心被異樣眼光盯著的地方，大聲地說出正向能量的話。例如：

「我太棒了。」

「我一定可以做到。」

「我已經做得非常好了，我很優秀。」

「天氣真好，今天又是美好的一天。」

最初，說這些話似乎有困難，也看不見效果，但在我們重複地對自己施加正向語言影響後，我們的精神狀態會慢慢地改變。

這個過程需要我們去適應，大致可以按照三個步驟來開展。

第一步，從現在開始，特別留意自己使用的情緒語言，包括口頭禪，有意識地留意甚至記錄自己使用頻率最高的詞語，並且寫下來，看看自己有多少負面詞彙。

第二步，嘗試刻意將自己的負面語言改為中性語言，甚至積極語言。這個過程剛開始會特別彆扭，但是堅持一段時間以後，也許你會開始覺得自己的心態和情緒在慢慢變好，人際關係也會更加融洽。這是當知當覺階段。

第三步，堅持下去，堅持一年兩年，你將會成為一個正能量滿滿的人。

每天早晨，我們也應該開展自我對話，花五分鐘左右的時間問自己：

「在我的生活和工作中，哪些方面令自己滿意？」

「除了滿意，我還可以做些什麼？」

即便只是兩句簡單的自我提問，卻是運用語言力量的一個好開端。透過這種固定的、探討性的對話，不僅可以進行自我肯定，懷揣自信開啟新的一天，還可以促使自己不斷精進。

自我對話讓我重新找回了自己。我曾經參加過一個關於發聲技巧的培訓。我參加這個培訓的目的是讓自己的聲音更有穿透力，以便我在授課時，能更好地吸引學員的注意力，並且讓每個學員都能透過聲音感受到力量。然而，我卻有了意外收穫。這個培訓雖然只進行了兩天，但課後要求學員按照規定每天打卡練習發聲，而且是自我激勵的發聲練習。

我找了很多自我激勵的文字和書籍，每天都大聲朗誦，雖然練習的是胸腔、腹腔發聲，但這些文字的力量潛移默化地被我的大腦吸收了，轉化為我的精神動力來源。

事實就是我的情緒受到影響了，變得陽光積極，以致在後來的日子裡，不再需要打卡練習時，我也很自然地每天清晨起床先做一段自我激勵，這可以保證這一天我都活力滿滿。

Chapter 4

即使比別人慢一點
也沒關係

我無藥可救了嗎？

對抗憂鬱的路程是漫長的，反反覆覆，內心的情緒也會在不同階段起伏不定。尤其是在我們努力過很多次之後，遇到結果不如意時，會產生自我懷疑，感覺自己無藥可救，已經厭倦了這個世界，也不想與外界的事和人有任何瓜葛，外面發生的一切與我無關。太陽是否如期從東方升起，星辰是否依然閃亮，花草樹木是否有鳥兒為它們歌唱，這些似乎與我不在同一個世界，人們的面孔在我的腦海中只是如同畫像一般。

這種無藥可救的感覺會讓人精神接近崩潰，而且會導致經常性地不由自主地反芻（反覆思量）過去的遺憾，如親人去世、關係破裂、事業挫敗等。

這種反芻會忽略正向積極的一面，而將反向負能量的一面無限放大。其實，這些片段都象徵著某種「死亡」；不斷反芻遺憾片段，是潛意識在跟隨死亡。就如同我們對自己過去無法改變的怨念，在試圖拉著當下的我們去陪葬，所以生命力都耗在了回顧過去。但我們知道，只有帶著過去的遺憾去創造未來，生命力才能得以真正地延續。

好在積極的心理介入治療給了我極大的鼓舞，無論是意象療法，還是感恩療法、認知行為療法、正念療法、觀息法……都讓我很有收穫。正是這些積極的回饋，促使我繼續堅持。

我要感謝自己堅持了治療，保持了信念，也要感謝那些一路給予我支持的人，在我走入死胡同，認為自己無藥可救時，及時帶領我走出狹隘，堅信一切終會過去，生活依舊可以前行。

透過持續的心理介入治療，我的內心平靜了，狀態也好了很多，已經可以很好地與自己相處。獨處的時間裡，我不再有很強烈的焦慮感，能夠保持情緒穩定，改善睡眠，頭腦清醒。

如果你完成了上面我描述的治療階段，並取得了不錯的成果，能夠自洽

（自我融洽、自相一致），那接下來，我們就需要進一步打開自己的內心，嘗試重新與這個世界建立良好的連結，逐步找回我們與世界的接觸點，讓我們成為社會中的一員，透過工作、社交，融入現實的社會。

和別人比較這件事，我停不下來

憂鬱症患者能做到很好地自我獨處是非常棒的一件事，這時候，我們的憂鬱情緒減少了，失眠改善了，但這只是完成了前進道路上的第一步。

接下來，真正考驗我們的是要回到社會屬性之中，扮演我們人生中的各類角色，作為下屬、作為主管、作為兒女、作為伴侶、作為父母、作為朋友等等。在這些角色中，需要承擔一些義務和責任，我們也會不由自主地比較——與其他人做比較，與他人的評價做比較，與社會價值取向做比較，以此來評判我們是否做得足夠好、足夠出色，足夠讓自己滿意，讓他人滿意，或者是我們主觀判斷的他人是否滿意。

這個過程可能會給我們自己帶來一些壓力，這些壓力可能會導致我們情緒波動，開始胡思亂想，對我們前期的努力有所反噬，讓憂鬱情緒捲土重來。

面對這些壓力，我們要十分清楚地知道，其實它們更多的是來自於我們對自身過高的期望和要求。

通常，我們會不斷尋求父母、伴侶、上司及社會的認可，執著於某種固定的人設，或是某種悲觀的宿命論，例如要做一個好女兒、好兒子、好媽媽、好爸爸。也就是我們會在某種層面上追求完美，雖然追求完美是人類社會前進的動力，但也是帶給我們壓力的源頭，是導致憂鬱、焦慮的罪魁禍首。

而不幸的是，完美主義似乎是人類基因裡隱藏的「天性」，我們每個人在某些時刻都是完美主義者。

我想大多數人小時候都會有一個同樣的經歷，就是父母時常將我們與同事的孩子、鄰居的孩子進行比較，還用語言將比較的結果回饋給我們。這其實是一個非常摧殘意志的行為，因為往往父母用來做比較的對象都是在某一方面做得比我們好的，他們期望透過這種向好的看齊，激勵我們奮發圖強，可是結果往往事與願違。

姑且不論這種比較是否有用，單就比較本身而言，就是不公平的。拿我們的缺點去跟別人的優點進行比較，那為什麼不拿我們的優點跟別人的缺點進行比較呢？為什麼比較的樣本不能全面一點，不要抽取個別做得非常好的個體，而是跟整體的平均水準進行比較呢？

反正不管如何，都會有一個「別人家的孩子」陪伴我們長大，這個「別人家的孩子」似乎總是勝我們一籌。

父母這麼做出發點是好的，「望子成龍」是每個父母的夙願。然而望子成龍這件事也許可以換一個角度去解讀，如果一定要做望子成龍的父母，那麼能不能首先從自我做起，先讓自身成為龍，再來要求子女成為龍。

我跟朋友開玩笑時說過一句話：「夢想成為富二代不實際，把自己孩子培養成富二代才強。」當然這種論調也不是我所認同的，因為如此也是從一個極端片面的角度去理解這個問題，在這裡提出來，只是想觸發大家轉換一種認知去思考。

這種比較背後的邏輯其實就是在追求完美。父母想擁有一個完美的孩子，這種期許是人的本性。當然我們不是要責怪父母，其出發點並沒有錯。而且這種追求完美也體現在我們每個人身上。

在讀書階段和進入社會後，我們也會時常將自己與旁人進行比較，來定位我們做得如何、是否成功、是否還有待提升。

事實上，這個世界沒有人能永遠保持完美與正能量。當你一次次否認你的負面情緒和不完美時，它們會在潛意識裡聚集成某種未被命名的情緒集團，直到某天以憂鬱的形式爆發，自體向內崩塌，澈底自毀擺爛。

■ 從心理學角度分析完美主義

心理學家亞伯・艾里斯（Albert Ellis）曾經對人類的痛苦感受做過深入分析研究，提出人類的痛苦基本來源於三個錯誤的執念：

如果我沒有得到表揚，就代表我做得不好。

我必須被他人喜歡，否則就是我有問題。

事情如果沒有按我想像的方向發展就意味著失敗。

然而理想很豐滿，現實卻很骨感。

你以為的、想像中的，未必會按照你預想中的方向發展。當一個人的心理預期過高，而事情的走向沒有按照既定規劃去發展，這種落差感，就容易導致人的痛苦。

痛苦一：我必須把事情做好，然後得到表揚

生活的本質就是酸甜苦辣的，一個驚喜接著一個打擊，再給你一個驚喜，然後又給了你一些痛苦。每個人的人生都是如此，這是一個過程，而在這些感受多樣的過程中，你有了更多的見識，有了自己的經驗，最終尋找到一條適合自己的路堅持下去。

在生活中，很多人之所以痛苦，就是凡事都追求完美。可沒有人是十全十美的，這個世界上不存在完美的人、完美的事。每個人都有缺點，有缺點才足夠真實。

同樣地，在做每一件事情的時候，我們很難保證自己一定會做好。你下定決心鍛鍊減肥，告訴自己，一定要繞著跑道跑五公里。可是，距離你上一次跑步已經過去一年了，這一次跑五公里對於你來說是很困難的一件事情。你明知道自己很難完成，卻逼著自己去完成，有時候並不會帶給你什麼好處，還會讓你很快就失去了跑下去的信心。

有些時候，給自己設定一個完美的計畫未必是好事，容易徒增壓力。相反地，先試著做好小事再去做更大的事情，才有助於你建立信心，不那麼痛苦。

- **解決方法：承認自己是不完美的**

接納自己的不完美，接納自身的缺點，你才能跳出思維的束縛。而只有跳出了思維給你的枷鎖，你才能夠以更樂觀、積極的心態，去迎接生活中的下一個挑戰。

如果這件事情你做得不夠好，並不能代表什麼，也無法否定你的成績；你可以反思一下，是哪個環節出現了問題、自己哪一步沒做好。善於總結，尋找自身的不足，才能避免下一次犯同樣的錯誤。

痛苦二：別人必須喜歡我，對我好

導致人感到痛苦的第二個因素，就是太過重視自己在人際交往中的地位和評價。

《被討厭的勇氣》書中提到了一個觀點：人際關係是一切痛苦的來源。因為人本身就是社會屬性極強的，只有在人群中，人才能夠與外界建立連結。而離開了人群，孤獨一人的生活狀態是很難堅持下去的，這也不符合人性。

但有些人在人際交往中，總是容易鑽牛角尖，陷入自我預設的心理中。他們認為我對你好，你就必須也對我好；我為你付出這麼多，你也必須回應給我這麼多。假如你為我付出的沒有我為你付出的多，那麼我就會感到失望痛苦，認為這段關係是糟糕的。

在群體中，別人必須喜歡我，否則我就是失敗者。我必須是受歡迎的那一個，不然融入這個圈子毫無意義。

從某種程度上來講，這樣的思維和態度，是偏激的、片面的。你這一生中，最終能夠陪在身邊的知心好友，能有兩、三個就已經不少了。而其餘的人，不過是你朋友圈裡的芸芸眾生，有些甚至只不過是點頭之交的關係。當你陷入了這種自我掙扎、自我設限的心態中，你在人際交往中注定是痛苦的。

• 解決方法：告訴自己：有人討厭你，也會有人喜歡你

每個人都應該明白這個道理。

有人會喜歡你，他們不在乎你是誰，不在乎你擁有什麼，僅僅是喜歡你這個人，欣賞你的人品和人格魅力。同理，也有人會不喜歡你，討厭你的一言一行一舉一動，甚至你的一切。

無論你做了什麼，都會有人堅定地站在你身後支持你。也有人，無論你做了什麼，都不喜歡你，甚至討厭你。討厭你的人連你呼吸都認為是錯的。明白

了這個道理，你的內心自然能好受一些。

我們生來不是為了取悅別人，而是為了活給自己看，為值得的人而活著。那些與你無關的人、討厭你的人，無論你是好是壞，無論你的生活如何，都與他們沒有半點關係。

痛苦三：世界上的事情是容易的，必須跟我想像中一樣

有些人，常常陷入「自我感覺良好」的心態中，有這種心態，表面上看是一種自信，但卻經不起推敲。因為過度自信，就是自負；自信過了頭，就是另一種膨脹。

你的自我感覺良好，容易衍生「井底之蛙」的心態。你眼中所見的，只不過是世界的「冰山一角」。你的思路、你的經驗、你的眼界等，只不過是你前半生的一個總結。

但許多事情根本不會按照你想像中的樣子去發展，沒有哪一件事情是容易的。堅持每天早晨六點鐘起床是一件困難的事情嗎？看似很簡單，可大多數人都無法做到十年如一日保持這種作息習慣。早睡早起尚且做不到，又如何能認為「世界上的所有事情，都是容易的」呢？

當事情沒有按照某些人想像中那樣發展，他們就會感到痛苦，對自己感到失望。這樣的狀態是很危險的，也是痛苦的來源之一。

• 解決方法：降低期待值，人生更美好

很多時候，試著去降低一下我們的期待值，人生就會少了許多失望，自然也就提高了幸福感。你勉強去做的事情，未必會按照你想像中的樣子去發展。反之，當你心態放開，以平常心去對抗複雜且充滿壓力的生活，也許會收到意想不到的效果。

在各個領域，都可以試著降低期待值。

在人際交往中降低期待值，能減少你被別人影響的次數。

在戀愛中降低期待值，你就不會因為伴侶做的某件事沒有達到你的預期而憤怒。

在生活中降低期待值，你會擁有更多的快樂和驚喜。

關於追求完美這件事，也有兩點事實是你需要知道的。

賦予事情過多的意義

很多時候，我們太過自戀，對一件事情總是賦予太多的意義，而且這還是我們臆想出來的意義，似乎沒有這些意義我們就無法著手去行動一樣。於是我們習慣性地把事情理想化、災難化、情緒化、個人化。

例如學生最常聽到的、來自父母苦口婆心的論調就是：「如果沒有考上大學，將來會找不到好工作，找不到好工作，就養不活自己。」諸如此類的話導致壓力很大，害怕自己沒有考上大學，自己的人生就完了。

哲學大師叔本華（Arthur Schopenhauer）在《愛與生的苦惱》（*The Essays on the Wisdom of Life*，簡體中文版）說：「人生就是意志的表現，意志是無法滿足的淵藪；而人生卻總是追求著無法滿足的淵藪，所以，人生就是痛苦。」

上面描述的父母，總是把事情往壞處想。這本身就是一種意志的體現。孩子之所以害怕考不上，是因為爸媽每天重複性的「意志」輸入，導致大考這件事對孩子的意義就是「考不上人生就完了」。這樣愈想愈有壓力，愈有壓力就會愈痛苦，最後無法正確看待問題。

情感和價值觀的膠著和內耗，欲望和能力的不匹配，失去的痛心，還沒有得到的空虛，這些失衡的想法讓我們常常抱怨生活的不公，感覺自己命運的不好，責怪他人的不是。可是這些痛苦真的是別人給我們帶來的嗎？

其實，真正讓你痛苦的是你賦予事情的意義。

嚴格意義來講，這個世界沒有人能真正地讓你痛苦，除了你頭腦中存在的不合理的觀念和看法。所以遇到內心痛苦時，不妨提醒自己：「除了我自己，沒有人能給我帶來真正的痛苦。」

簡體書《心理學簡史》中介紹佛洛伊德時有一段話：「佛洛伊德從來都不是那種順風順水、做什麼都能一蹴而就的天才。他一直在腳踏實地地工作，磕磕絆絆地試探著前行。他發表了一些沒人重視的論文，做過一些失敗的案例，經歷過種種打擊，也積累了很多經驗。」

即便優秀如佛洛伊德，也不是一帆風順，做什麼都能夠一蹴而就的天才，我們又怎麼能苛求自己做什麼都完美呢？無須給自己太大壓力，從心底接受做一個普通人。

就如同一位旅行部落客寫的一段話：「賦予旅行太多的意義只會帶來更多的焦慮，而忘記了旅行最大的意義其實只是享受一段不太一樣的愜意時光。」

過分賦予事情太多意義，只會讓我們作繭自縛，給心靈加上羈絆。生活需要的是簡單，所謂的複雜生活簡單過，一切皆美好。

反思與反芻

反思是有好有壞、客觀中立。

反芻是脫離事件、消極審查。

人在傷心難過的時候，容易陷入反覆、不斷深入的思考。例如失戀後，大腦會不停地思索「為什麼那個人不再愛我了？」、「到底做錯了什麼？」、「為什麼會變成這樣？」在心理學中，這就是反芻。

很多心理學家發現，對負性事件的過度思考和糾結不但會加深痛苦，還會延長痛苦的時間。一段愛情即使感情不夠深，只要反覆糾結，失戀後的痛苦也會超過那些感情深厚卻不糾結的人。

正向心理學家芭芭拉·佛列德里克森（Barbara Lee Fredrickson）在《積極情緒的力量》（*Positivity*，簡體中文版）一書中指出，雖然我們想要想通一件事，但這種無休止的苦思冥想不會帶來任何好處，只會讓我們進入死循環，讓情緒愈加低落。更悲劇的是，這種過度思考無法幫助我們找到解決問題的方法，只會喚起更多負面的想法。

耶魯大學的心理學教授蘇姍·諾倫·霍克西瑪（Susan Kay Nolen-Hoeksema）指出，有「思維反芻傾向」的人不僅更容易憂鬱，在意外事件帶來的壓力下也更容易驚慌失措。霍克西瑪在研究中發現，一九八九年加州洛馬普里塔大地震（1989 Loma Prieta earthquake）發生後，自認為有思維反芻習慣的洛杉磯居民明顯表現出了更多的憂鬱症候群。

此外許多測驗證明，思維反芻還可能引發認知障礙。憂鬱症患者很難強迫自己關注別的事情，因此記憶力和執行能力測試的結果都較差；不過，一旦受試者成功地轉移注意力而更專注於測驗，這種認知障礙就消失了。這類研究使思維反芻被視作一種一無是處的悲觀主義，純屬精力浪費。

■無用的反芻和必要的反思

在前面聊意象療法時，我提到過自己曾經深深地傷害父親，之後一直為此難以釋懷，就連看電視時看到類似的場景畫面，都會立即煩躁不安，馬上就換臺，不敢看。對於這件事，我在很長一段時間裡都會不斷地反芻，似乎有個聲音在不停告訴自己：這一切都是我造成的，如果當時我不那麼做該多好。這個反芻困擾我很久很久，成了我情緒的一塊禁地，無法觸碰。一旦觸及，情緒瞬間暴躁不安。

但有沒有可能一個人想著想著，突然豁然開朗想通了，從此開心起來呢？

心理學家研究發現，當人們在情緒低落的時候思維反芻，想起更多的是發生在過去的負面事情，會更消極地解釋當前的生活狀況，對未來更加絕望。

那麼，如何減少思維反芻呢？

經驗表明，只要轉移注意力，就不會沉浸在痛苦之中。心理學家也認為，要想停止或減少思維反芻，需要讓其他想法填補腦海，最好是一些積極的想法，或者，可以多參加喜歡的體育活動。

但實際這樣做並不容易。人們反覆思考是因為迫切希望想通這件事，不再困擾，如果這時去做其他事情，總會出現心不在焉、心神不寧的情況。所以需要我們有意識地引導自己轉移注意力，不斷提醒自己把注意力集中在當前的事情上來。

最好是找一些對自己有足夠吸引力的事情去做，例如打籃球時會讓我暫時忘掉一切其他事情，全身心投入酣暢淋漓的運動中；或是看足夠精采的電影，玩節奏很快的遊戲之類的。

這些方法我都曾經用過，一場籃球可以給我兩個小時的思想放空時間，玩《絕對武力》遊戲會讓我沉浸幾個小時不走神，效果還是很不錯的。至少給了我喘息的時間，放鬆了神經，緩解了持續壓抑的情緒。

在現實生活中，反思是有必要的，透過復盤總結對過去發生的事進行反思，從而提煉改進方案，對自身是有好處的。只是有時我們分不清反思和反芻，所以我們來看看反思和反芻的本質區別是什麼。

反芻是無效的自我鞭笞，反思可以帶來新的洞見。反芻是不斷咀嚼痛苦，就如一道傷疤快癒合的時候，我們又把結好的痂撕開，反覆舔舐傷口。這不僅於療傷無益，還會讓傷痛持續的時間增長。

反思則是透過分析過去，得到原因，進而打開心結，釋放情緒。反思是為了更好地放手，也是為了避免傷害再次發生，甚至產生新的洞見。

反芻伴隨著自我厭惡，而反思帶著自我關懷。反芻實際上依然是對已發生的事耿耿於懷，無法原諒自己，所以伴隨著自我厭惡。而反思並不是放不下，恰恰是因為放下了，所以可以理性、客觀地思考事情發生的原因以及以後如何做才會更好。這是一種自我關懷。

那麼我們要如何把「反芻」變成「反思」呢？

把「為什麼」變成「是什麼」

「為什麼」更多的還是局限於追責，「是什麼」才是對事物的客觀描述，這種轉變才能將自身從情緒中剝離出來，從而形成正確的認知。

用COAL四種態度代替價值評判

所謂價值評判就是不停地給自己貼標籤，而這些標籤會給我們帶來各種情感束縛。美國權威諮商心理師麗莎・費爾史東（Lisa Firestone）在她合著的《童年內傷：療癒童年傷痕的40個修復練習》（*Conquer Your Critical Inner Voice*）中，分享了她的研究。研究結果告訴我們在面對情緒時，保持一種客觀分析的態度是多麼重要，並提出了COAL四種態度：

Curiosity：保持一種探究的心態，但是不批判。

Openness：對各種可能持開放的態度。

Acceptance：對無論是消極還是積極的情緒都接納，不逃避、不排斥。

Loving：自我關懷，不因消極的態度而否定自我。

考慮從多種視角來看待問題

在童年時，我們習慣了世界不是白就是黑、人不是好就是壞、事不是對就是錯。我們長大後，才發現原來這個世界沒有那麼絕對，人和事都會呈現多面性，站在不同的立場、不同的角度，就會對同樣一件事呈現出完全不同的看法。所以，遇到問題時，我們要時刻提醒自己，多換幾個視角來看看，不要急於下結論，更不要鑽死巷子。

■ 放過自己

我相信有很多人都會為過去的一些事情懊惱，這是幾乎無法避免的。因為每個人都是在逐步成長，而時光又是不可逆的；那麼在面對一些壞的結果時，基於因果關係，我們就會去找那個「因」，最終大部分人會歸因到自我身上。而且，悲觀的人會把壞事都歸咎到自己身上，投射太多主觀意識，什麼都和自己有關。這其實是一種與世界共生未分化的狀態。

共生與分化（分離）的概念來自匈牙利精神分析師馬勒（Margaret Mahler）對母嬰關係的研究。她透過對三十八對母嬰歷時六年的細心觀察，發現嬰兒在第二個月到第六個月期間，與媽媽是一體的。也就是說，嬰兒在這個時期，強烈地依賴著母親。母親與嬰兒，是1＋1＝1的融合關係。

這個階段，叫「共生期」。

共生期的母嬰關係沒有建立好，將影響接下來的分化。

嬰兒六個月以後，開始進入分化期。他們漸漸地能意識到人和物品的歸屬性，例如哪些玩具是我的，哪些玩具是別人的；也意識到母親和自己是兩個人。這個過程一直持續到兩歲左右，才算是完成了與母親的分化。

中國著名心理治療師曾奇峰老師有一個觀點叫做「萬病源自於未分化」。對於這一觀點，著名諮商心理師武志紅老師曾經和曾老師展開過探討，其中部分觀點如下：

未分化在心理學上的意思就是每個人作為孩子，在心理上沒有跟父母分離，尤其是沒有跟母親分離。這種沒有分離，會轉移到與其他人的關係中，這就是精神分析中所說的轉移的關係。

這樣會導致至少兩個問題，第一個問題就是各種各樣的心理症狀，例如憂鬱、焦慮、強迫等這樣一些大家都很熟悉的症狀。第二個就是各種各樣的能力的喪失，例如判斷力、整合的能力。如果再說得直白一點，就是賺錢的能力、建立親密關係的能力等。所有這些能力都會受到影響。

未分化的人當中，有的人自己的事做不好，卻很喜歡去幫別人。《群眾運動聖經》（*The True Believer*）的作者艾立克・賀佛爾（Eric Hoffer）認為這是各種各樣的社會運動的狂熱源頭。

做不好自己的事，其實他的獨立是有問題的，但是他特別熱心去幫別人，而且幫別人的時候還帶著一種狂熱，帶著一份付出精神。看上去是好事，結果會導致很多問題的出現。

幫別人的這種現象，我們可以做兩個精神分析式的解釋：

第一個就是，我們在幫助別人的時候，可以忘記自己的不完美。

第二個解釋就是，我幫你的時候有優越感，因為只有我強大、你弱小的時候，我幫你，才能夠滿足自己自戀的需要。

這是一種非常強大的動力，一輩子都在幫助別人，把自己融入莫名其妙的集體裡面，用這種方法來忘記自己的問題，滿足自己一點點虛妄的自戀。

對這些問題，除了專業的心理治療，這裡給大家介紹四個自己就可以做的小方法，希望能對你有所幫助。

自我指責時，反問自己提出的問題

例如，當你覺得「我恨自己怎麼這麼沒用，什麼都做不好，什麼都不會」，這個時候，可以反問自己：「我真的什麼都不會嗎？真的什麼都做不好嗎？」我想，答案一定是否定的，你一定有許多會的；你不會的，只是目前的某一件事。

我們不要因爲某件事沒辦好，就全盤否定自己。「非黑即白」的思維模式導致我們看不到自己的優點和成績，這是需要我們有意識地去改變的。

去完美主義

如果我們覺得什麼事都必須達到自己臆測的結果，那麼即使做到了百分之八十，我們可能仍然覺得失望。這也需要我們轉變思維模式：「這件事雖然與自己當初的願望有出入，但能這樣也還是挺不錯了。」這樣想，我們心裡就會愉悅許多。

追求完美，接納不完美。

自己做自己內心的好父母

我們內心時常在指責自己，那是我們把父母對我們的嚴格要求內化於心，我們就成為自己年幼時的父母的樣子。現在我們成長了，可以試著做一個理想的父母：充滿溫暖、鼓勵和自我同理心的好父母。

我想成為什麼樣的人，才是重要的

成績和評語，那都是別人眼中的你，可能它們在某些方面也能反映真實的你，但是，「我想成為什麼樣的人」才是自我成長的驅動力，可以持續讓我們去努力實現，變得更好。當你自我肯定的能力增強時，別人的評判就顯得不那麼重要了。

當我們習慣性地為一些事情反覆自責時，就要開始意識到是否自己處於消極反芻中。尤其是在一些事件中，透過一系列的聯想，總是歸咎到自己身上，幻想如果我沒有那麼做，是不是就不會產生今天的局面？其實每件事發生的原因都是多樣化的，絕對不是一個單因造成的，是我們自己把事情的邏輯簡單化，並且將矛頭直指自身。

最常見的就是在兩性關係中，當雙方因為某一件事有了分歧時，通常有一方習慣性地把問題升級，不再就事論事，而是上升到另一個層面，愛不愛我，是不是暗示著什麼之類的。這樣的思維升級就是脫離了事件本身，並且對事件產生了消極的審查。

失戀的人通常會回味細節，反問自己，是我哪裡做得不夠好。而實際上，也可能正是因為這種不斷的反芻本身才導致關係破裂。還有自卑，通常也源於投射了過多的主觀意識，把壞事都投射到自己身上。

殊不知人生本就不可控，不完美才是正常的，所以借用森田療法（Morita therapy）❶的思想，順勢而為，並信仰「大過於自己」的東西，你就會發現憂鬱於你而言不再只是無意義的痛苦，而是引領你回歸自己內在的地圖。

❶森田療法是日本精神醫學家森田正馬所創，其心理治療理論強調與症狀共處，要「順其自然」且「為所當為」。

壓力山大，如何四兩撥千斤

作為憂鬱症患者，回歸社會屬性時，不可避免地會遇到很多障礙，壓力就是其中一種。不管你願不願意，也不管我們有多麼注意不給自己製造壓力，似乎壓力仍是不可避免的。這屬於正常現象，在現實世界中，沒有壓力才是不正常的。

我曾經深入研究過銷售人員的心態對業績的影響，也給很多企業授課。每次上課，我都喜歡問學員一個問題：「你有沒有壓力？你如何看待壓力？」

這個問題總是能引起學員的共鳴和積極發言。要知道銷售人員可能是所有職業中壓力最大的那一類，業績帶來的壓力不亞於學生要參加重要的考試，而且這個考試還是每個季度、每個月、每天都在進行。一般在企業裡，為了更好地激勵團隊，管理階層會將每名銷售人員的業績實時呈現給所有人，自己的排名靠前還是靠後，一目了然。我相信做過銷售的人都懂這種壓力，沒做過的也能想像得到。在我提出問題後，學員自然是異口同聲回答壓力很大，但關於如何看待壓力則眾說紛紜。

有的學員說有壓力是好事，可以促使自己更努力地工作，取得更好的成績。有的學員則說，壓力讓他失眠，導致精力不足，反而影響工作成績。幾乎每次提這個問題，得到的答案這兩種都有。

這讓我意識到兩種狀況都是客觀存在的事實，都不能否認。也正是存在兩種答案，告訴我需要辯證地看待壓力，去思考到底是什麼原因讓學員們會有完全不同的兩種感受。

我的答案是壓力有一個概念上的臨界值。當壓力控制在臨界值以下時，產生的是積極作用，而且愈靠近臨界值，作用愈大；而當壓力超出臨界值時，產生的就是消極作用，愈偏離臨界值，消極影響愈大。之所以說是概念上的臨界值，是因為它沒有一個確切的數據標準，而且因人而異，不同的人因為抗壓能力不同，故而臨界值存在很大差異性。

當我們想要將自己調整到最積極的狀態時，就需要將壓力調節到剛好在臨界值之下一點點的地方，此時是動力最強、副作用最小的狀態。

所以在積極工作、需要動力時，我們可以主動增加自己的壓力，透過人為引入一些因素，例如時間進度等規則，以達到增加壓力的目的。當然還有更多的時候，是我們壓力過大、超出臨界值，隨時有崩潰的風險，此時就需要採用一些手段自主調節。

■簡單可行的壓力紓解方法

以下這些方法值得試試，看看哪些對你更有幫助，然後堅持做下去。

和朋友傾訴

找一個懂得同理，也懂得你不需要建議的朋友，告訴他你正在經歷的事，還有此時的真實感受。當然我們也要注意，不要讓自己變成「祥林嫂」❷。

有心理壓力時，獨自承擔雖然顯得很有責任心和擔當，但把握不好的話，容易造成心理健康問題，除非我們有足夠強大的內心，能夠獨立化解壓力，否則不要擔心，大膽地把你的壓力分享出來。

傾訴壓力和煩惱的過程本身就是在為解決問題做準備，說給別人聽，也是說給自己聽，能清晰地把問題表達出來，問題本身就已經解決一半了。因為說清楚並沒有我們想的那麼簡單，能夠說清至少證明我們的思路已經條理化、結構化。通常，每一次向人描述問題本身，就是一次梳理事情脈絡的過程。

有意思的是，每一次我們表述出來的東西不盡相同，甚至會產生奇妙的新的想法。這說明我們的每一次訴說，實際上都是在幫助自己做疊代，一次次的疊代讓問題更加清晰；或許，就在某一次傾訴的時候，突然發現這件事情已經不再困擾自己了。想通了，有前進方向了，壓力自然也就得到有效的化解。

❷祥林嫂是魯迅筆下的一個悲劇人物，因為命苦而喜歡向他人吐苦水，直到大家覺得厭煩。

傾訴最好是在一有壓力時就抒發出來，也就是當壓力剛產生時。此時，壓力還相對較小，及時的傾訴不僅能很好地解除壓力，還有可能獲得別人的幫助，直接從源頭解決問題。通常來講，當我們把問題說出來的時候，問題就已經化解一半了；說的過程中，有時我們自己就有了答案。

傾訴時，儘量找你願意相信的人，或者你所認可的智者，涉及家庭情感的最好找要好的朋友傾訴。筆友和網友也是很好的傾訴管道，但要注意保護隱私安全。

不管性格外向還是內斂，都不要把話藏在肚子裡，鼓起勇氣表達出來，也許情況並沒有你想的那麼糟。

分散注意力

注意力始終集中在壓力事件本身，只會讓壓力愈來愈大，愈來愈走不出來。需要透過其他事務分散注意力，比如走出家門、參加聚會、去學一項新技能、加入一個有趣的團體等。對我來說，體育活動是最佳的分散注意力的方法。運動讓我快樂。在運動時，我可以把所有的精力都集中在肌肉上，揮汗如雨更讓我感到全身都無比放鬆。

但也要注意，某些時候我們會在參加活動時人在心不在，精神恍惚，這時我們最後再去嘗試一下不同類型的放鬆方式。另外，性格十分內斂、不擅長社交的人，最好不採用參加集體活動的方式，因為這件事本身有可能會額外增加精神壓力。

享用美食

不少人在壓力來襲的時候，都會選擇大吃一頓來安撫失落的心情。研究顯示，吃東西可以慰藉情緒、舒緩壓力，因為壓力會加速消耗人體內的營養物質及微量元素。

同時，人在感到疲勞和倦怠時，吃一餐美食能夠及時補充身體缺乏的能量，使自己容易從疲勞中走出來。心情舒暢了，壓力感自然就減輕了。

想透過美食減壓，應該首選那些富含維生素和礦物質的食物，如堅果、黑巧克力、橙汁、蘋果、胡蘿蔔、深海魚油等，遠離高脂、高鹽、高糖食物和咖啡因飲料等「增壓食物」。

走進大自然

大自然有種神奇的力量，總能讓我們找回自我。通常我們說的「出去散散心」，就是這個意思。找一片有陽光的草地，躺下靜靜欣賞天空的雲朵，看看遠處歡樂嬉戲的人群。或者找一棵樹為我們遮蔭，美美地睡上一覺；到青山綠水間，聞一聞綠葉的清香，將腳放在潺潺溪水中，感受水流過的感覺。

我最喜歡的就是去一些人煙稀少的山區，哪怕山不是很高，風景也很普通，都沒關係。我需要的是去感受腳踏著泥土，踩著樹葉的聲音，聽著自己的腳步聲和呼吸聲，去盡情感受這份寧靜。

這一刻，世界只有我，會讓我忘卻那些煩惱，彷彿我在這片土地扎根了，與花兒草兒無異，都是躺在自然的懷抱裡。

投入一件事

人的大腦一直處於活躍狀態中，會關注很多事情。面對壓力時，我們可以有意識地給自己找一件事來集中注意力，讓煩惱在大腦中沒有位置。

專心致志、全身心投入一件事中，忘記自己的存在，達到忘我的境地，去體會這件事的樂趣。這種「忘我」的狀態，減壓效果非常好。

你可以集中精力讀一本非常喜歡的書，並且做讀書筆記，寫下讀書感悟。你也可以進行創作，寫一篇文章，還可以整理環境，比如收拾房間，重新擺放家具，歸類衣物，澆澆花，擦擦桌子等。

不要小看這些瑣碎而實在的事情，人在有煩惱時，最容易集中精力投入的往往就是這些小小的工作。

獨自內省

憂鬱症患者大多有社交恐懼，這其實並不完全是壞事，有利有弊。獨處也是一種很好的自我療癒方式，這讓我們有機會停下來整理思路，讓事情脈絡更清晰，每一次的自我對話本身就是一次對心靈的洗滌。尤其是內向性格的人通常比較擅長自我總結，透過將問題條理化、邏輯化，壓力就降低了。

內省時，我們也可以借鑑工作中常用的SWOT分析方法，換一個角度去整理事情的各項要素。最後還可以將優勢、機會、挑戰等元素進行排列組合，思考一下有哪些可能性，從中或許能發覺我們從未注意到的閃光點。即使大部分可能性被自己否定了也不要緊，至少我們在尋找新的出路。

也可以羅列出所有讓你煩惱和不愉快的事情，逐一審視這些事情，然後劃出那些你認為真正引起壓力的，一個一個分析，問問這件事為什麼會引起壓力，可以採取哪些方法來解決。

把壓力寫出來

相對於找親人朋友傾訴，書寫相當於另一種傾訴，一種向內對自己的傾訴。寫壓力日記、個人部落格等，就像找一個樹洞傾訴一樣。

書寫的過程就是一種發洩。寫完了，壓力會減輕許多。寫完後最好不要保留，可以銷毀，下一次寫又是一次新的開始。

運動鍛鍊

運動鍛鍊可以調節大腦供血，讓情緒變好。但運動量要把握好，運動在此時的目的是調節身心，而不是逞能，不是要去追逐某個目標。如果太在意有無達到某個水準，可能會給我們帶來額外的壓力，失去運動的初衷。壓力不是那麼重時，適度鍛鍊即可，如果把自己搞得太累，有可能適得其反。

睡眠

儘管對於憂鬱症患者而言，睡覺有時是一件痛苦的事，因為大部分憂鬱症患者都存在睡眠障礙。但也正是因為存在睡眠困難，從而更加凸顯了睡眠的重要性。

只要能睡著，就可以將其他事情放一放，先盡情地享受一下。當然，如果難以入睡，也不要強迫自己，強迫可能更焦慮，可以去運動運動。

睡眠前可以為自己創造一些固定行動，例如洗澡、拉伸筋骨、做正念呼吸等。設置睡眠前的固定行動是為了讓身體產生記憶，將事件與睡眠進行連結。當身體記住了這種連結，做固定行動時就會喚起身體對於睡眠的自然意識，這十分有利於改善入睡困難的狀況。

我睡前最喜歡做的動作就是拉伸筋骨，尤其是扭動腰，拉伸手臂，讓自己的腹部充分舒展。這些動作都能讓我的身體得到極大的放鬆，更容易入睡。

放聲大笑

大笑的積極意義已經有很多專家進行過實驗驗證，更有一些團體引領大家透過集體大笑來緩解壓力，治療神經性疾病。

大笑這個動作所帶來的肌肉收縮，不光能促進血液循環，使得血液中的含氧量提高，還可刺激我們身體的腎上腺素分泌，產生興奮快樂的情緒。要想放聲大笑，必然需要做深呼吸，而深呼吸本身就會讓身心得到放鬆，緊張情緒得以平復。

大聲歌唱

當人們唱歌的時候，音樂在人體裡產生共鳴，從而改變身體和情感狀態。唱歌和大笑有異曲同工之妙，能夠透過肌肉動作放鬆身心，透過呼吸讓情緒平復。當你感到壓力爆表時，找個ＫＴＶ包廂，盡情地唱上幾首歌，或者去貼近大自然，對著群山放聲歌唱，這會讓我們感受到久違的輕鬆。

我其實五音不全，非常不擅長唱歌，除了乾吼幾嗓子，似乎也沒有太多的放鬆壓力技巧。但我喜歡朗誦，尤其是讀詩。詩歌精練的語言能給予我力量。大聲朗誦詩歌可以把我帶入詩的境界中，身心得到洗滌。每每朗誦汪國真先生的〈熱愛生命〉，可以讓我熱血沸騰，一股無所畏懼的氣勢湧上心頭，讓我敢於按照自己的想法放手去做，去追逐我的理想，拋棄瞻前顧後的憂慮。

上面這些不一定每一項都對你有用，但請多去嘗試，總會有幾種方法適合你。不要先入為主地預設有沒有效果，應該做過之後再來感受其效果。如果有用，以後可以經常做。

心理減敏療法

除了上述自我減壓的方法，我們還可以求助專業，接受專業的治療。這裡給大家介紹心理減敏療法。美國精神病學家約瑟夫・沃爾普（Joseph Wolpe）在二十世紀五〇年代創立了「系統減敏法（systematic desensitization）」，這種方法是醫生模擬再現曾經讓我們恐懼的場景，透過心靈剖析，讓我們逐步接納這個場景，不再為此敏感。

減敏治療的第一步就是要學會放鬆，讓自己的身體進入放鬆的狀態。接下來就要建立焦慮等級，讓患者知道自己對什麼事情最為焦慮，然後再進行減敏訓練。可以循序漸進地訓練，最後還要反複練習。

學會放鬆

如果想要進行心理減敏治療，首先就得學會放鬆。對於精神緊張或者是患有焦慮症的人來說，學會放鬆是非常重要的。如果能夠讓身體進入放鬆的狀態，精神緊張的症狀也能夠得到有效改善。

建立焦慮等級

在這個階段，醫生會根據患者的表現在不同的評分表上給予分值。醫生會根據患者的實際情況來建立其焦慮的等級，這樣就可以讓患者知道自己對什麼事情感到焦慮，焦慮的程度如何。

減敏訓練

在患者了解讓自己感到焦慮的原因之後，下一步就要進行減敏訓練。簡單來說就是要讓患者面對讓他感到焦慮的事情，然後學會放鬆。醫生通常會根據第二步所設定的焦慮等級來讓患者逐漸地適應，並不會一下子就讓患者去面對焦慮等級比較高的事情。

重複練習

精神類的疾病本身是比較難治的，不可能一下子就治好，所以患者需要根據自己的情況反覆地練習，要遵循循序漸進的原則。
這樣就可以讓心理逐漸處於放鬆的狀態，直到澈底減敏。

放下情感包袱，建立安全結界

你是否有特別熱情的朋友，他們為人熱情，樂於助人，經常會主動積極地來幫助你？有時，這種熱情卻成為你的苦惱，朋友會替你做決定，替你去宣傳他認為應該告訴大家的東西，去做他認為是對你好的事情。雖然這麼做讓你難受了，但礙於情面，你只能苦笑一下，被迫接受。

你是否覺得有時很多壓力來自父母，感覺你的生活被父母干涉控制，而且不尊重你的意願，不傾聽你的想法就替你做決定？這種控制讓你窒息，想逃離，但又無法逃離，就會導致你和父母之間產生矛盾，有時甚至會破壞親情。

在兩性關係中，你是否覺得自己付出比對方多，對方沒有你愛他／她那麼愛你。為什麼會有這種感受呢？因為你付出了，為對方承擔了一些事情，做了一些事情企圖幫助對方，而對方卻沒有任何回應；或者對方並沒有同樣採取行動來為你做些什麼，哪怕是給你倒杯水、捏捏肩或關心你一下。此時，你的內心就會有些許失落，有點受傷的感覺。

這些困惑每天都在發生，生活中再常見不過了。那麼產生這些問題的原因是什麼呢？

從心理學角度分析，這些問題的核心是情感邊界出了問題。當對方沒有邊界感時，只要讓我們感到不適了，那就需要我們透過主動建立情感邊界來保護自己。同時，對於對方，我們也要保持好自己的邊界感，不要把不屬於自己的責任、不屬於自己的壓力攬到自己身上。

從出生那一刻起，每個生命都是獨立的個體，都需要對自己的生命負責。即使是對待我們最親的人，包括父母、子女，都應該把他們看作獨立的生命個體。我們並不能代替他們去實踐人生。而人生又充滿了戲劇色彩，影響命運走向的因素錯綜複雜，其中絕大部分因素既不可預期，也不在我們的控制範圍。當發生一件事情時，也不能片面地歸因於某一個個體行為的絕對影響。所以，把責任全攬到自己頭上是一個既不符合現實、也不可理喻的行為。

對於情感邊界，最典型的例子莫過於父母與孩子的關係。由於孩子在小時候不能自己照顧自己，需要父母的養育和監護，但孩子的性格養成和發展走向以及學習成績，是多重因素決定的。

然而現實中，孩子的問題，經常引起父母爭吵，甚至全家人大辯論，透過各種分析，歸因於爸爸、媽媽、爺爺、奶奶甚至保姆的某些個人行為或者語言方式。看似分析得十分有道理，實際上各方互相指責，將其某些行為特徵的影響力無限放大。這種家庭式的爭吵大家都不陌生。然而事實是這樣的嗎？

一個孩子從出生到長大，受到的影響因素很多。首先，我們能關注到的都是顯性層面的因素，例如胎教、家人的行為方式、對孩子的教育方式、說話語氣等，即使是顯性層面，我們也只看到了一部分，還有別的孩子的影響、環境的影響、孩子對所見事物的解讀，這些都可能是被忽略的因素。

還有一個最大的影響因素，就是天性。每個孩子都是不同的，這點在孩子尚未出生時就已經決定了，這也就是為什麼我們經常看到雙胞胎會性格迥異。

一樣的生長環境、一樣的父母，為何長大後，性格差異如此之大，其主要原因就是天性。既然因素眾多，我們可控、可影響的因素占比如此之小，那又有什麼道理要求父母對孩子的一切負責呢？

所以，我的孩子出生的那一刻，我就清楚地知道一個獨立的生命開始成長了。我能做的就是儘量提供合適的土壤，在孩子還很脆弱的時候，盡我所能地為其遮風擋雨，剩下的我能做的不多，靜靜地欣賞一個茁壯成長的小生命，享受他帶給我的歡聲笑語。

對於兒童教育問題，還可以換一個角度來感受，把自己設定在「兒童」這個位置上。

兒童的自我保護能力很弱，這個時候是最容易受到邊界侵犯的。我們小時候都經歷過父母打著「這是為你好」的旗號來干預我們的行為，個人意願很少被尊重。在叛逆期到來之前，我們基本都是處於這樣一種狀態。

之所以會有叛逆期，是因為我們已經成長到一定階段，有了強烈表達和堅持自己主見的意願，而父母還在以小時候的標準對待我們，這就產生了意志衝突。所以我們的叛逆期，其實是一個成長過程中彰顯自我、建立自己獨立人格的過程。

在這之前，如果父母懂得尊重孩子的邊界，那孩子將擁有一個更加美好的童年，也會擁有更健康的心理成長環境。隨著教育水準的提升，現在已經有愈來愈多的年輕父母在這方面做得更好了，給予孩子更多的尊重，這是一個非常好的趨勢。

情感邊界是為了保護自己，也是為了給對方空間，以確保雙方關係可以健康發展。關係之間的弦保持適當鬆弛，不至於緊繃，這樣就有更好的抗干擾能力，不會因為某些小事就把弦給綳斷了。

■自我邊界（心理邊界）概念

自我邊界概念是由心理學家厄尼斯特．哈特曼（Ernest Hartmann）最早提出的，主張每個人都應該主動設立自己的心理邊界，讓其成為為人處世的一條準則，目的是確保自身不受外界的負面干擾，讓自己按照自身意願堅定前行，成為一個具備獨立人格的自我，也是為了能夠走在自己希望的人生道路上。

無論是生活還是工作中，我們都時常面臨「Yes」或「No」的選擇題。對於他人的求助或者要求，我們需要亮出態度。這時候的答案就體現了我們是否設定了清晰的自我邊界。

人際交往中，自我邊界就如同一個尺標，一邊是強自我，一邊是弱自我，我們在這兩端中間遊走。愈靠近強自我，做事愈主動，條理也愈清晰，但人際衝突可能就愈多；愈靠近弱自我，會愈敏感，缺乏主見，容易被環境干擾，但親和力也愈強。

自我邊界是看不見的，卻真實存在。心理學研究顯示，生活中很多混亂和情緒波動是邊界感缺失造成的。厄尼斯特・哈特曼給了我們一個測試自我邊界的方法，請根據每一道題目的描述，選擇最符合自己的狀態，並將其對應分數填入第二一九頁的計分表。

自我邊界評量表

題號	題目	非常不符合	基本上不符合	基本上符合	非常符合
1	我容易被他人情緒所感染。	1	2	3	4
2	我現在想法依然與童年很像。	1	2	3	4
3	我覺得自己很容易為情所傷。	1	2	3	4
4	我經常不知不覺就恍神了，要麼幻想其他，要麼陷入沉思。	1	2	3	4
5	我不喜歡那些把故事的來龍去脈、開頭結尾說得清清楚楚的小說。	1	2	3	4
6	我不喜歡那種有制度規範、等級分明、不讓人發揮的機構。	1	2	3	4
7	我認為一個蘿蔔一個坑，是什麼樣的蘿蔔，就需要待在什麼樣的坑裡。	1	2	3	4
8	我認為一個人太投入、太依戀別人，在生活中是非常可怕的。	1	2	3	4

9	一個好家長在有些方面絕對也像孩子一樣。	1	2	3	4
10	對我來說，把自己想像成一種動物是很容易的事情。	1	2	3	4
11	每當獲悉某事發生在朋友或戀人身上，我就覺得這事像發生在自己身上一樣。	1	2	3	4
12	每當我需要完成某些任務時，我傾向於展開想像，不願被條條框框限制。	1	2	3	4
13	若不考慮現實，我希望人和人能深度交融，不分彼此。	1	2	3	4
14	我覺得自己被某種不為外人理解的神祕力量影響著。	1	2	3	4
15	正常人、有問題的人和精神病人之間，沒有明確的分界線。	1	2	3	4
16	我不是那種不苟言笑、老實不多話的人。	1	2	3	4
17	我覺得自己也許是有創造力的藝術家。	1	2	3	4
18	我曾覺得有人喊我名字，但我不確定這事是真的發生了，還是只是我的幻想。	1	2	3	4

自我邊界評量計分表

請將各題的分數加總起來

題號	1	2	3	4	5	6	7	8	9	總分
分數										
題號	10	11	12	13	14	15	16	17	18	
分數										

結果分析

得分	自我邊界程度
0～29 分	強自我邊界
30～42 分	中度自我邊界
43～72 分	弱自我邊界

根據測試結果，你可以清晰地知道自己的邊界在哪個範疇，就可以針對性地做調整。

這種調整必須是刻意的，因為我們本能的反應不會改變，只能靠主觀意識強制去挑戰新的行為方式。這個過程可能會有些痛苦，但嘗試後才會知道自己是否可以做得更好。這也給了我們一次重新審視自己的人際關係的機會，些許的改變可以讓我們的人際關係更健康，對於憂鬱症患者，這尤其重要。即使憂鬱症康復後，健康的人際關係也是避免復發的重要因素。

悲傷失落的時候，我這樣做——

人生有諸多不如意，難免會有悲傷失落的時候，這些情緒可能源於自身，可能是親人、朋友帶來的，也可能是工作、感情造成的。總之，這與我們是否足夠好沒有關係，是生活中不可避免的情況。

既然不可避免，我們就要正視它，並用積極的行動和心態去迎接。

■悲傷情緒的五個階段

心理學上把悲傷分為五個階段：

第一階段：拒絕、否認

因為不能接受已經發生的事實，或者因為自己的行為導致對他人的傷害而產生深深的自責，大腦就會對既成事實產生抗拒，不願意相信；故而意識層面拒絕承認事情已經發生，例如親人的離去、失戀、機會的錯失。

第二階段：憤怒

在「否認」階段之後，會進入憤怒階段。此時已經意識到拒絕和否認無效，無法改變任何事實，繼而對「無能為力」產生憤怒。這種憤怒會轉化為攻擊，不只攻擊自己，還會攻擊與事情相關的他人。

第三階段：討價還價

憤怒非常消耗精力，精疲力竭之後，冷靜下來，轉而嘗試與自己和解。這是一個好的信號，在開始嘗試接受事實。

第四階段：沮喪

然而原諒自己或者他人是一件很困難的事，在一次次的思想鬥爭中，我們會進入情緒沮喪階段。

第五階段：接受

最後，隨著時間的推移，我們開始真正地接受已經發生的事實，帶著遺憾繼續上路。

這五個階段是大部分人經歷悲傷時的心理過程，但也會存在反覆的情況，例如因為某些事件或者人的刺激，悲傷情緒再次加劇，倒退回上一階段。

■ 和外界積極建立聯繫

當我們悲傷失落時，最好的處理方式就是及時採取行動，和外界積極建立連結，這個外界不僅指人，也包括物、事、環境等。借助外界的力量，來幫助我們儘快走出悲傷失落的情緒。這裡特別講一下如何與外界積極建立連結。首先，我們需要從處理情緒的態度上做出改變。

拒絕硬撐

當不想和別人說話，悲傷情緒影響工作學習和正常生活，或者整個人完全不在狀態的時候，很多人會硬撐，或者自我欺騙，假裝自己沒事。這不利於情緒的好轉，建議嘗試讓自己做一些小的改變。

例如，他人邀請你去參加社交活動，由於憂鬱症患者早期的思維模式就存在不善於拒絕的特點，當外界對他們有要求或需求時，他們會條件反射式地回答：「好的，沒問題，我去。」

事實上，在回應之前，我們應該先問一下自己的內心想法：「我是真的想去嗎？」然後再回覆對方。如果確實沒有什麼興趣，可以嘗試拒絕。當然，也可以找一些委婉的理由拒絕，或者直接大方地告訴對方，我今天狀態不太好，我不太想去。誰都有狀態不好的時候，真實講出來就好。

如果去了，聚會中大家一起聊天，而你並不是特別想參與，又不能走，那麼當他人注意到你時，用一個淡淡的微笑回應即可。這樣，大家就會明白你可能狀態不是很好，沒什麼想說的。此時照顧好自己是最優先的事。

其實很多時候，別人如何看待我們，常常是我們自己的猜測，大多數人生活中都專注於關注自己，每個人都活在自己假設的聚光燈下，沒有人真的有精力時刻關注你。

承認自己有問題

如果有人察覺到我的不對勁，過來關心我，問我怎麼了，那麼我會大方承認自己的狀態欠佳，表示感謝，並告訴對方目前自己還有能力處理，避免本能地說沒事，因為一個人的狀態很難完全掩蓋。刻意地掩蓋，很容易把真正關心自己的人拒之門外。

直接說沒事，說明你並沒有從根本上接納自己當下的狀態。允許和接納自己所有的狀態，是一種示弱的能力。往往愈是脆弱，愈是想要表現出堅強的一面，騙了別人，也騙了自己。但其實硬撐起來的堅強非常不堪一擊，反而會消耗我們戰勝困難的能量，使我們不能真實地面對自己。

真正的強者在生活當中都敢於面對自己弱的一面，不遮掩，更不必感到羞恥。所以，敢於承認自己狀態不夠好，不是弱，反而說明你更有能力去面對，去解決存在的困惑。

所以，若想從人群當中出來並尋找機會調整自己，可以嘗試表達出來。如此，才能更好地保證自己各方面的能量。

另外，患有憂鬱症的人會有容易激怒的表現，也就是情緒失控，無法控制自己，常常因為小事發脾氣。對於這類人來講，控制自己不發脾氣很難，因為情緒壓抑太久，能量非常大，所以，要接受和嘗試允許自己爆發情緒，但是爆發的方式請保證對自己和他人、社會都是安全的。

總之，在社交中慢下來，遵循自己的意願，先照顧好自己。在態度上做出轉變後，可以利用多種管道積極尋求外界幫助。

積極尋求最信任也最關心自己的人的幫助

憂鬱症患者習慣於嘗試自己解決問題，但如果效果不好，要學會走出自我封閉，積極尋求外界的幫助。

最好的方式是找到最信任也最關心自己的人，向他們傾訴自己的困惑。他們或許不能給出真正有效的方法，甚至僅僅是傾聽，但這也足以讓憂鬱症患者感覺好很多，至少可以感受到有人關注著、愛著自己。

尋求外界支持時，嘗試講出自己的內心需求，具體一點更好

要表達出來，希望他們怎麼幫助，讓他們知道怎麼做。例如少為我安排社交活動，我睡覺時不要打擾我，希望難受時可以找到對方等。這樣，對方才能很明確地知道你的需求，並配合你。

尋求身心科的專業幫助

即便非常關心我們的人，他自己也有狀態不好、心情低落或者無助的時候，誰都不可能也沒有義務二十四小時守著另外一個人。所以，自己心裡要有準備並且堅信，當對方不能照顧到我們時，並不是我們被拋棄了、被討厭了，那只是因為每個人的精力能力有限，但並不代表對方不愛我們。此時，找專業身心科醫師幫助自己或許是更好的選擇。

與外界保持聯繫

當感覺自己狀態還不錯或者有收穫時，可以鼓勵自己和他人分享，能很好地幫助自己改善狀態。我們有時特別想要親友陪伴，有時又很排斥他們，但至少維持一到兩個聯絡人，哪怕每天一兩句話，或者只是非常簡單的問候。

學會獨處

憂鬱症的另一面，其實是自我重新認知和成長的機會，讓你重新審視自己的內心，審視周圍的一切，包括人際關係狀況。可以嘗試安排自己做一些力所能及的小任務，比如養花草、寵物，參加公益活動，嘗試和外界建立和保持一點連結，這對康復非常重要。儘管這很艱難，但路終究要向前走，還是要盡力去嘗試邁出每一步，哪怕慢一點。

我也偶爾想擺爛

任何事情，想要持續地堅持下去，都不容易。憂鬱症患者尤其是如此，治療週期長，而且存在病情反覆，所以難以做到日復一日的持續治療。我也是偶爾會偷懶，但只要及時調整，就無傷大雅。不要對自己要求太苛刻，要允許自己比別人慢一點，不要給自己施壓。

治療憂鬱症不是一天兩天的事情，貴在堅持。只有堅持才有效果，才能看到勝利的曙光。

千萬不能操之過急，多少人因為著急治好而陷入自我攻擊的痛苦中。這聽起來很簡單，但真的生病了就很難做到，因為各種症狀每時每刻都在折磨著我們，很難不急躁。但現實在於這是一種慢性疾病，恢復需要時間，沒有一種藥吃下去病就好。病來如山倒，病去如抽絲。我們能做的只是確保獲得了正確的幫助，不斷嘗試，那麼剩下的就交給時間吧！況且，人又不是一臺機器，不是你設定一個程式，它就能立刻按照指令運行。

所以，我們要給自己足夠長的時間來慢慢恢復和變強大，我們要培養這樣一種意識，做好心理準備。當我們做好這些的時候，就不再害怕自己現在的症狀了，即便有症狀也是再正常不過的了，因為它們遲早都會消失。我們要這樣來安撫和暗示自己。事實上也是如此。

帶著這種心態，即使後面憂鬱症可能復發，我也不擔心不害怕了，因為我知道我有方法，我還會好起來。

同時，還要學會帶著症狀去生活。這個建議能幫助我更客觀地看待目前自己身體的症狀，畢竟有些症狀其實已經完全不影響生活了。那麼允許它出現，我就能在療癒的路上感覺更加輕鬆和自在。甚至當允許它出現的時候，帶著它一起前進的時候，我將不再被它所左右和影響自己的心情了。

帶著症狀去投入生活吧，我們將會愈來愈強大！

Chapter 5

你可以好好生活，不僅僅是生存

我因為想停止焦慮而更焦慮

有時候思緒就是這麼奇妙的東西，當我愈想停止想一件事或者一個人，往往就愈無法停止，因為這個努力不想的過程本身就是在提醒我去想，去聚焦這件事或者這個人。

焦慮就是這樣一種揮之不去的情緒。愈想讓自己停止焦慮，反而讓我們更焦慮，甚至可能是本來不太焦慮，因為害怕產生焦慮情緒而越發焦慮起來。這讀起來有些拗口，但確實是存在的事實。

想必很多人聽過莫非定律（Murphy's Law）：你愈擔心一件壞事發生，它就愈可能發生。只要有一種變化的可能，不管機率多小，終究還是會發生。

既然焦慮是不可避免的，我們何不坦然接受，放輕鬆，保持平常心去迎接焦慮，擁抱焦慮？就像我們的身體裡有各種微生物、細菌一樣，我們允許其存在於我們體內，共存共生。

大衛．卡博內爾（David Carbonell）博士是研究焦慮症的心理學家，他在三十七年間幫助了全球超過九千名諮商心理師，傳授他們應對焦慮的方案和課程。卡博內爾博士出版了《焦慮的時候，就焦慮好了》（*The Worry Trcik*，簡體中文版）一書，書中引用大量的實證，剖析了焦慮與人的關係，並教授如何打破焦慮的循環，如何避開焦慮設下的陷阱，與焦慮和諧共處。

書中提到：「焦慮是人類生存的常態之一，每個人都會有焦慮的想法，無法控制，也無法消除，我們唯一能做的就是選擇應對的方式。」所以，書中並未提供消除焦慮的方法，而是讓我們認識焦慮，找到合適的應對策略，從而實現與焦慮共存，降低其對生活的負面影響。

懼怕往往源於未知，不了解所以害怕，故而面對焦慮，首先要了解「焦慮」是什麼。

■認識焦慮

我們經常會說：「萬一……怎麼辦？」未發生但有可能發生的事情，總是會讓人擔憂牽掛，如果真發生了，倒也不焦慮了。這個現象的產生源於人類自我保護的生理機制，有利於幫助我們待在一個安全的環境裡。人類文明能延續至今，也得益於這種焦慮機制。

所以，對於焦慮情緒，我們不需要去遏制，而應該像治水一樣，順勢而為，控制好焦慮的程度，將損害降低。

這就如同我們看待壓力一樣。其實壓力也是一種動力，能夠促使我們積極向前行。但是壓力太大，超出了承受範圍，就會帶來不好的副作用。焦慮同樣如此。

而且，有些焦慮是沒必要的，屬於我們的認知偏差造成的假象。例如父母經常跟我們說的，不好好讀書，就考不上好大學，考不上好大學就找不著好工作，找不著好工作就找不到女朋友，孤獨終老。

這一系列的推理很明顯缺乏邏輯嚴謹性，但換一個場景，我們卻經常在犯同樣的錯誤，這就會導致嚴重的焦慮情緒。老闆要的報告還沒寫完、這道題始終不會解、這次考試很不理想、孩子又感冒了，這些日常隨時發生的事情，會引發我們產生一系列的聯想，激起焦慮情緒，其中的邏輯性也未必比前面父母的例子更嚴謹。

■應對焦慮的AHA策略

關於如何應對焦慮，有一個很好的策略——AHA策略，它為我們提供了三個步驟來應對焦慮。

AHA策略是「Acknowledge and accept（承認和接納）」、「Humor the worrisome thought（順應焦慮）」、「Activity（行動：繼續完成重要的事）」這三個詞的縮寫。

第一步：承認和接納

正如前文所說，焦慮是人類的本能反應，客觀上就是真實存在的，且不可消除。面對焦慮，我們能做的是去學習它、認識它，對其足夠熟悉之後，沒有了恐懼感，就可以承認並接納其客觀存在的本質。

當不再為焦慮而焦慮時，也許焦慮情緒本身就已經開始減弱。設想一下，如果你下個星期就要去做一場演講，臺下將會有幾千人，還有長官在場，然而此時此刻，你連演講的主題都還沒想好，而且你還從未在這麼多人面前演講。此時，是不是會感到焦慮？

這種情景下，焦慮是必然的。一萬個人就有一萬種焦慮。焦慮之餘，你可以抓緊時間去搜集相關資料，還可以去找演講高手請教演講技巧，甚至還可能花錢請專業人士幫助你一起擬定主題，設計演講內容，指導排練演講。

這個過程中，之所以有如此大的動力去完成這些工作，焦慮功不可沒。所以焦慮可以促進我們的行動，提升工作效率，只要不為焦慮本身而焦慮，那焦慮一下也不是什麼壞事。

第二步：順應焦慮

將焦慮的內容呈現出來，反覆演示給自己看，可以有效緩解焦慮情緒。我們可以仔細想想到底是什麼讓自己焦慮，把它寫下來或者錄下來，如果有可能，將焦慮的事項細化再細化，拆解成很多具體的點，這樣效果更好。

寫下來後，我們可以讓它反覆在面前出現，不斷衝擊我們的大腦，當重複很多次之後，會發現焦慮對我們的影響降低了。

第三步：繼續完成重要的事（必要時帶著焦慮工作）

讓自己行動起來是對付焦慮的絕佳辦法。杞人憂天是因為有時間思考。如果不給自己留時間思考，是不是就無暇焦慮了？

更何況，焦慮是因為某些問題的存在，如果能付諸一些具體的行動，讓問題朝著有可能解決的方向前進，或者做好解決問題的準備，等待問題的到來，這些動作都可以減少我們的焦慮情緒，積極的行動總是比空想更有效。

這三個步驟的目的不是要讓我們消滅焦慮，而是降低影響，與焦慮共生。

另外，前文所介紹的正念呼吸、冥想、心理減敏療法等方法，都可以應用在焦慮的時候。

不在乎的勇氣

生活中有很多我們在意的人和事，但現實卻告訴我們，很多人和事不是我們能完全控制的。有時，我們就會過於在乎而使自己困擾。

例如我們在乎別人對我們的看法。這是人人都會在乎的，我們都想擁有良好的形象，但如果過於在乎就會激發不良情緒。看到同事私下小聲談論別人，很容易對號入座，擔心他們是不是在談論自己，開始懷疑自己。對另一半特別在意，對方的一言一行很容易影響到自己，進而產生不必要的衝突。

想要走出去，跟別人好好相處，但總覺得別人不喜歡自己，因此造成誤會。同理，對於一些事我們也會有過於在乎的時候：一次考試沒考好、沒考上稱心如意的學校、評獎沒被選上、升職落空等等。

這些事難免會影響我們的情緒，因此為了平衡情緒，我們需要一定的「鈍感力」。

鈍感力的說法源於日本作家渡邊淳一。按照他的解釋，鈍感力是一種力量，一種避免負面資訊衝擊的能力，可以更加從容地面對挫折和傷痛，不受影響，堅定前進的方向，是一種贏得美好生活的智慧。

渡邊淳一認為，鈍感力不等於遲鈍，它強調的是面對困難時，人的耐受性是一種積極向上的人生態度，就如同一束電波需順利抵達終點，過程中就要規避電磁場的異常干擾。

人生要朝著目標前進，就要規避各種外界不利訊號的衝擊。

而鈍感力是一種處世的智慧，一種思維方式。

沙子在手中握得愈緊流失愈快。跟這個道理一樣，我們越敏感，就越容易胡思亂想；愈想得到別人的認可，就越有可能適得其反，反而鈍感一點，會活得不那麼累。

還是新人作家時，渡邊淳一加入過一個作家文藝沙龍。裡面有一位渡邊淳一認為最有才華的作家A先生。A先生當時已經發表過不少作品，小有名氣。然而，這位天賦極高的A先生也和渡邊淳一一樣，會有被退稿的情況。在相同的境遇下，渡邊淳一雖然感到沮喪，但在短暫的沉淪後，很快就重整旗鼓，投入創作之中。

而A先生很敏感，對自己的作品更在乎，接受不了打擊，喪失了創作的欲望，發表作品的次數愈來愈少。幾年後，在文學圈裡，已經甚少聽到他的名字了，他就這樣在文壇消失了，而渡邊淳一如今卻享譽世界，作品被翻譯成多種語文，在全球影響很大。

所以，成功不僅需要才華，更需要鈍感力，它可以讓我們持之以恆。在渡邊淳一看來，A先生的才華不在自己之下，如果能有一點鈍感力，他會是一名多麼優秀的作家，這種結果令人惋惜。

日本著名諮商心理師大嶋信賴寫了一本《不在乎的勇氣》，此書是渡邊淳一《鈍感力》的實踐版。大嶋信賴用八萬多件心理諮商案例的經驗，引導人們從新視角看問題，消除負面情緒。在書的封面上寫著一句話：「你真正強大的時候，是你能夠不在乎的時候。」作者從心理學角度解釋了我們被別人的批評或感情所左右的原因。只有找到問題所在，才能有辦法去擺脫被左右的命運。

■為什麼我們很難不在乎？

對於我們通常很難做到不在乎的情況，大嶋信賴從八萬多件心理諮商案例中總結出來兩個原因。

沒有邊界感

書中有個例子，作者假日打算收拾屋子時，同事發來「收到客戶的投訴」這樣沒頭沒腦的一封簡訊。作者本來不予理會，繼續打掃房間，但腦海裡會不受控制地想同事為什麼要發這樣的簡訊。結果時間全浪費在思考這件事上了，傍晚時房間還沒打掃完。

有句話說得很好：「人的煩惱在於想得太多而能做的太少。」內心敏感的人總是想從別人那裡獲得認可或贊同，被對方的言行所左右，或者是過於熱心腸，不由自主去干涉別人的事。

人與人相處時，如果缺失邊界感，會給自己和他人帶來煩惱和不便。就像作者經歷的這樣，同事沒有邊界感，給別人帶來煩惱；而敏感的人模糊了邊界，被對方的言行或感情所左右，過度地剖析，不敢做自己。

容易自卑

內心敏感的人，非常在意周圍人的一舉一動，在與別人比較時，下意識覺得自己做得不夠好，總是低人一等，凡事先考慮對方的感受，這樣一來就讓自己喪失了自信，變得自卑。

他們總是在出現不好的結果時，第一時間把問題歸咎到自己身上，心裡不斷問自己，是不是做得還不夠好，別人才這樣對我。

因為不想被別人討厭，才不斷放低姿態，以致失去自信。

其實，我們越是模糊邊界，愈是放低姿態，對方往往愈是會得寸進尺，變本加厲地對待我們，這樣我們會更痛苦。

■如何讓「鈍感力」增強？

太過敏感，可能會輕易毀掉與他人好不容易建立的橋梁。要想減少敏感度，可以做些增加鈍感力方面的練習。

分清哪些該在乎，哪些是不必在乎的

大嶋信賴提出了一個很有意思的分隔方法：以自己為圓心，雙臂張開為直徑畫圓。這道圓就是個分隔線，將事物區分為「什麼該在乎」和「什麼不必在乎」。奧地利精神病學家阿爾弗雷德·阿德勒有個觀點深入人心：一切人際關係矛盾都起因於對別人的課題妄加干涉，或者自己的課題被別人妄加干涉。

有邊界感，把注意力放在自己身上，降低敏感度，無視那些「不必在乎的事」，該幹嘛就幹嘛，會輕鬆很多。

轉變成「以自我為中心」的思維模式

敏感是一種天賦，也是一個人的資質，不可能輕易改變，但是，我們可以去改變那些相對容易的東西——看問題的角度以及思維方式。

相比「站在別人的角度為別人考慮，以他人為中心」這種生活態度，那些能夠平靜地看待別人的言行、忽視無端的指責、能夠隨心所欲生活的人，才能真正活出自我，過得幸福。

對其他的事鈍感起來，不太在意他人的言行，埋頭做自己的事，容易發現自己的無限可能，自然而然就自信了。

善用無視，改變心態

他人因為身體、家庭或其他原因情緒很糟，把你當出氣筒，與其同這樣的人較真嘔氣，我們不如改變心態，學習如何接納。

對於別人的「熱心教導」，如果是對的，我會接受；如果不是，那對不起，我不在乎你，就當耳邊風，很快就忘掉。

其實，我們從小時候起就應該學習「無視」。相信很多人都遭受過別人以愛的名義對我們進行控制，這時候，我們需要站在自身感受的角度去看待這種「愛」。如果你感覺受到了侵犯，生活沒有按照自己的想法進行，那麼你有權力反擊，告訴對方你的真實感受，並請他們收回口中的「愛」。

上善若水，讓情緒流動

《道德經》有云：「上善若水，水善利萬物而不爭。」水利萬物，卻從不與萬物相爭，又能包羅萬象。它遇熱成汽，遇冷結冰，遇風起浪，遇水相融。水是最溫順也是最強大的，潺潺溪流是水，波濤洶湧也是水，水滴石穿還是水。水的形式是多種多樣的，它可以根據外界的環境來改變自己。人的性格品質也可以像水一樣，不追求名利虛榮，但是遇到任何困難又會百折不撓。

同時，水的力量也是無窮的，翻江倒海、洪水猛獸說的也是水。歷史記載，黃河氾濫，很多人都想辦法治理過，起初大家都想著堵，可就是堵不住，而後大禹治水，順勢而為，疏通為主，反而治理成功。

可見，對於水，我們只可疏通，不可硬堵。在這點上，水與人的情緒很相似，人的情緒也是宜疏不宜堵。情緒控制得好，人在事中也無事；情緒管理得不好，小事也能成災害。

生活不會一直稱心如意，有情緒很正常。但易怒，被情緒左右，不僅解決不了問題，反而會使問題更加嚴重，成為情緒的奴隸，最終害人害己。

情緒管理就如同治水，讓情緒流動起來，順勢而為。心理治療師武志紅老師曾說過，悲傷情緒是告別過去的悲慘經歷的必經之路，說的就是我們要正視我們的情緒，讓其自然流露出來，這個過程本身就是治癒情緒的必經之路。

人們對情緒管理最大的誤解是：壓制情緒，不要生氣、不要流淚、不要壓力，而真正有效的情緒管理是讓情緒流動。允許自己沮喪，允許自己生氣，允許自己感到壓力和焦慮，允許自己活得像個人。

為什麼要讓情緒流動呢？因為情緒可以理解為洪水，情緒來了，猶如洪水決堤。人是沒法堵住它的，要是堵，洪水就會想辦法從別的通道湧入，進入本不該進入的空間。情緒只是反映出了問題，情緒本身不是問題，只是一個信號，一個讓我們看看自己內心的信號。

情緒是什麼？

情緒是一種信號，表達大腦對事實的反應，遇到開心的事會高興，失敗會沮喪，置身大自然就會平靜，這些都是我們的大腦給予的回饋信號。從本質來講，不管任何事情發生，都會有相應的情緒產生，正面的、負面的，都會發生，所以我們不可能阻止情緒產生，只能與情緒共存。因此，處理好與情緒的關係，和平共處才是面對情緒時的最佳狀態。

諮商心理師曾旻先生在他的著作《情緒重建：運用九種認知技巧，重新和情緒做好朋友》中，為我們深度剖析情緒，提供與情緒的相處之道。情緒可由「表層」、「核心」和「機制」三個層面來理解。

表層：行為表達

肢體語言可以傳遞情緒，包括面部表情、身體的動作、特定的手勢等。觀察兒童的行為，他們看到滑稽的事情時，會咯咯地笑；被父母和老師批評時，會垂頭或者哭泣；睡不著覺，煩躁時，身體會有各種扭動蜷曲；看到精采的節目，會開心地鼓掌。這些行為就是在表達他們內心的情緒，喜怒哀樂都會透過行為傳遞出來，包括摔椅子、拍桌子等發洩行為。

核心：主觀體驗

情緒本質是一種主觀體驗。同樣的事情為什麼不同的人會有不同的感受呢？這是源於主觀體驗的不同，而主觀體驗是和每個人的經歷、意識、認知相關的。主觀體驗在於事件觸發大腦的壓力反應，也就有了不同的情緒。事件本身是客觀的，而情緒則是主觀的，所以情緒調節才成為可能，主觀體驗是可以被影響、被修正的。

機制：生理喚醒

多巴胺的分泌帶來快樂，腎上腺素的分泌讓人興奮，這些生理機制直接影響著我們的情緒。憂鬱症的藥物治療也是基於這樣的原理，透過調整生理荷爾蒙的分泌，緩解憂鬱症的各種負面情緒。

■ 讓情緒流動起來

曾旻認為情緒是體內流動的液體，可以覺察到它在身體裡的流動。那麼情緒要如何流動？可以分三個步驟實現。

第一步：客觀描述

對產生情緒的事件進行客觀描述，不做衍生，不推演不聯想，僅僅描述事件過程每個客觀存在的事實，以及自己的所見、所聽，還有當下真實的感受。這麼做的意義在於告訴自己的身體，發生了哪些客觀事實，給我帶來了什麼樣的感覺，將情緒反應限定在單一事件本身，不擴散、不升級。

第二步：以第三者的角度審視情緒

要想不被情緒干擾，最好的辦法是跳脫出來，假想自己是一個第三者，用凝視的眼光注視著當下的情緒，觀察它在幹什麼，要去向哪裡。不要試圖去控制它，只是觀察、記錄。這麼做時最好透過冥想的方式，看看這個情緒要對我們的身體做些什麼。

在這樣觀察情緒很多次後，我甚至愛上了這種感覺，一種全新的視角，從未有過的體驗，讓我感受到情緒於我而言，似乎也只是一個客觀存在的物體而已。雖然情緒是主觀體驗。我甚至可以引導情緒在身體裡遊走，因為此時，我已經將其剝離於大腦。

第三步：重啟

當情緒由主觀體驗轉化為客觀存在時（當然，這只是一種描述，情緒始終是一種主觀體驗），就無法再左右我們的行為，這時就可以著手行動了。跟自己的情緒說：「隨你去吧，我沒有時間關注你了，我還有很多重要的事情要去做。」不管是走出去社交，還是全身心投入工作，總之動起來，恢復本就該進行的正常生活。

除此之外，曾旻在書中還給出了情緒重建的方法：接納情緒，把情緒當作流動的液體。對事情進行積極的重新評估。轉移注意焦點，關注事物的積極面。向下比較，不幸中的萬幸，使幸福感回歸。還有，規劃未來。

活得更好是我的本能

有些人認為現在的快節奏生活是造成憂鬱症的元凶，然而，憂鬱症其實並不是在現代社會才有，自古就存在，甚至不僅存在於人類，也存在於其他哺乳類動物。

在中國雲南的野生動物園裡，有一隻紅毛猩猩名叫「培培」。牠的妻子懷孕了，被飼養員帶走單獨飼養，猩猩培培甚是想念牠的妻子，並因此產生憂鬱情緒。隨著文明發展，人類過上了現代化的快節奏生活，猩猩培培並沒有，卻依然會憂鬱。這說明憂鬱並不是當下環境直接造成的。

早在公元前四世紀，希臘的希波克拉底就提出了「憂鬱」一詞。人類也從未停止對憂鬱症的研究，二十世紀八〇年代產生了演化心理學（Evolutionary psychology），主要代表人物有大衛・巴斯（David M. Buss）、傑羅姆・巴考（Jerome H. Barkow）等心理學家。

演化心理學將人類的心理反應視作一套資訊處理系統。你也可以想像它是一個軟體、一個大數據系統，這個系統是在人類發展長河中透過自然選擇逐步形成的，其作用是處理人類面對生存時的問題，提高環境適應性和面對危險的生存機率。

演化心理學認為人類的行為和思維都具有進化的功能，即在漫長的演化過程中，我們的行為和思維方式都是為了適應環境而形成的。在這種觀點下，憂鬱症也被解釋為一種適應性的反應。

我們的祖先在生活的環境中，會面對一些危險和不利情況，例如喪失親人、社會排斥、食物短缺等，憂鬱症的症狀甚至可能是有益於人類生存的。憂鬱症狀可以讓我們更加集中注意力和精力來解決問題，減少浪費時間和資源的行為，增加對潛在威脅的警覺性，使我們能更有效地應對環境變化。

例如，當我在面對一個挑戰時，憂鬱症狀可能會讓我更加警惕和努力，更有利於快速尋找到解決問題的途徑。在某些情況下，憂鬱症狀還可以幫助我們減少社會交往，使我們更加專注於解決個人問題，從而增加生存機會。

澳洲新南威爾斯大學社會心理學者喬．福加斯（Joe Forgas）多次在實驗中證明，在複雜的情況下，消極情緒能幫助人們做出較佳的決策。究其原因，福加斯認為情緒和認知兩者之間存在錯綜複雜的關係，憂傷促使人們「做出最佳的資訊處理策略，從而應對較為複雜的情況」。這解釋了為什麼憂鬱的測試者能更好地判斷流言真偽及回憶過去，在對待陌生人時也更客觀。

前文說到憂鬱症患者經常讓自己陷於思維反芻漩渦中，忽略自己的成就，腦海裡唯一關注的就是有什麼地方做錯了。儘管這種情況常常與退卻和沉默（不願與他人交流）連在一起，但有研究證據顯示，不愉快的精神狀態實際上可以幫助提高我們的表達能力。

福加斯說，他曾發現感傷能幫助人們表達出更清楚和更有說服力的句子，而消極情緒更是促成一個更具體、更合適且最終更加成功的交流方式。因為憂慮使我們對自己的寫作更加挑剔，更在乎詞句是否完美。正如法國著名思想家羅蘭．巴特（Roland Barthes）所說：「能成為創造性作家的人，是那些認為寫作是個問題的人。」

從這個角度看待，也就能理解所謂的「藝術家和瘋子只是一線之隔」。

雖然演化心理學的這種解釋仍然存在一些爭議，但它為理解憂鬱症症狀提供了一種新的視角，而且是一個非常有意思的視角。

演化心理學家們還提出了一個有意思的觀點。雄孔雀透過開屏來向雌孔雀發送信號，吸引雌孔雀與其進行交配。然而，孔雀的尾巴除了傳達求偶的信號，也被用來傳達渴求食物的信號。例如當母親在身旁時，孔雀寶寶貿然發出求食的叫聲就會招來捕食者，而透過尾巴傳遞的訊息，母親就會回應牠，給予牠食物。

那麼憂鬱的情緒狀態是否也可以作為一種形式，幫助人們在陷入困境時，向周圍的人進行求助呢？也就是說，憂鬱的情緒是一種身體發出的信號，向周圍的人傳遞需要關注、需要「愛護」的訊息，希望周圍的人能滿足求助者的需求。從另一層面上說，也增強了社會的連結。

所以，從演化論的角度看待憂鬱，似乎給了我們一絲慰藉，原來這是人類的一種本能，我們只是想要活下來或者活得更好點。

以上這些探討是基於人類歷史長河討論的，而不是僅僅針對現代社會，所以拋去現代社會才有的物質豐富、人口數量龐大等因素，才有利於我們更好地理解憂鬱症和演化論之間的關係。

演化心理學從一個新的角度看待憂鬱，讓我們知道，憂鬱也許只是我們本能的反應。我們從不同角度了解、熟悉憂鬱症的過程本身，就是一種療癒，因為未知才是讓我們恐懼的推手；熟悉了解它，可以很好地減少我們的恐懼感。而我們現在認識到，憂鬱症患者並不是異類，憂鬱也不是洪水猛獸，也沒有那麼讓人恐懼，而只是我們本能的情緒反應。

和光同塵

《道德經》有云：「道沖，而用之或不盈。淵兮，似萬物之宗。挫其銳，解其紛，和其光，同其塵。湛兮，似或存。吾不知誰之子，象帝之先。」

「和光同塵」一詞就是源於「和其光，同其塵」，老子用簡短的語句告訴了我們為人處世之道。世界光怪陸離，瞬息萬變，人生時間維度接近百年，在歲月長河中，命運起伏在所難免，唯有保持樂觀心態和正確的人生觀，以體驗的心態走好人生之路。

儘管和光同塵有時也被人解讀為不露鋒芒，與世無爭，但其本意指的是一種人生境界，不是什麼都不做，也不是躺平，而是不與自己較勁，與環境很好地融合一起，這是一種高境界的表現。

光，是指自己好的東西得到了發揮；塵，是指自己不好的東西。光和塵是指每個人的好與不好，重點在「和」與「同」，有光與人同，有塵也與人同。

對於憂鬱症患者而言，尤其需要這種心態，好與不好都是客觀存在，無須否認，更無須自責，經歷本身就是生活。

——寫在最後——

人生還在繼續，依然朝美好前行

憂鬱症於我曾經是那麼折磨，如今卻似乎成了一個朋友。這聽起來是不是有點不可思議？然而不得不承認，是憂鬱症教會了我很多，尤其是學會感受忙忙碌碌中忽略的美好的事與人，去掉了生活浮躁，沉靜了人生。

彼時，情緒的壓抑讓我接近崩潰，失眠始終伴隨著那些個日夜，NBA球星柯比．布萊恩（Kobe Bryant）說：「你知道洛杉磯凌晨四點鐘是什麼樣子嗎？」我想說，我知道深圳每天凌晨四點鐘是什麼樣子。看到日出，我會流下眼淚，胸口始終被石頭壓著，感到窒息。

在情緒的反反覆覆中，為了關心我的人，我嘗試了很多方法自救，接受藥物治療，也主動配合心理介入治療，正念療法、認知行為療法等心理治療一直在堅持。在專業心理師的幫助下，我逐漸找到抒解自己情緒的方法，生活開始一點一點地改變；健康的飲食、有規律的運動、自我情緒的調節，也一步步加深了對憂鬱症的了解，更拓寬了我對人生的認知。

今天的我似乎比憂鬱症之前的我活得更通透了，更能感知到時間的存在、生命的意義，也許是知識面拓寬了，待人看事的心態更加平和，一切都是最好的安排，我要更加切實地活在每一天。

我這一路走來，從對憂鬱情緒一無所知，到可以和憂鬱和平共處，有付出，更有收穫。內心對事物的認知變得清晰謙和，甚至改變了我的人生態度，開始懂得感恩、平等和尊重，真正做到自然、樸實、隨意、和光同塵。

人生還在繼續，生活從未停止，也許未來還有很多不確定，但我已不再恐懼，我有信心帶著憂鬱上路，依然朝著美好前行。

願你也能這樣好起來。

國家圖書館出版品預行編目 (CIP) 資料

我是這樣好起來的：心理師親測有效的自我療癒指南
／王偉 著
– 初版 . -- 臺北市：三采文化，2024.9
面： 公分 . --
ISBN：978-626-358-474-7（平裝）

1.CST: 心理治療 2.CST: 憂鬱症

178.8 113010749

suncolor 三采文化

Mind Map 274

我是這樣好起來的

心理師親測有效的自我療癒指南

作者｜王偉
編輯二部 總編輯｜鄭微宣　執行編輯｜戴傳欣　文字編輯｜林佳慧
美術主編｜藍秀婷　美術編輯｜方曉君　內頁編排｜陳佩君
校對｜黃薇霓　版權副理｜杜曉涵

發行人｜張輝明　總編輯長｜曾雅青　發行所｜三采文化股份有限公司
地址｜台北市內湖區瑞光路 513 巷 33 號 8 樓
傳訊｜TEL: (02) 8797-1234　FAX: (02) 8797-1688　網址｜www.suncolor.com.tw
郵政劃撥｜帳號：14319060　戶名：三采文化股份有限公司
本版發行｜2024 年 9 月 27 日　定價｜NT$420

本書繁體版由四川一覽文化傳播廣告有限公司代理，經江蘇酷威文化發展有限公司授權出版

著作權所有，本圖文非經同意不得轉載。如發現書頁有裝訂錯誤或污損事情，請寄至本公司調換。All rights reserved.
本書所刊載之商品文字或圖片僅為說明輔助之用，非做為商標之使用，原商品商標之智慧財產權為原權利人所有。